2022
火炬创新型产业集群与产业基地统计监测报告

科学技术部火炬高技术产业开发中心 编

科学技术文献出版社
SCIENTIFIC AND TECHNICAL DOCUMENTATION PRESS
·北京·

图书在版编目（CIP）数据

2022火炬创新型产业集群与产业基地统计监测报告/科学技术部火炬高技术产业开发中心编. —北京：科学技术文献出版社，2023.5
ISBN 978-7-5235-0260-0

Ⅰ.①2… Ⅱ.①科… Ⅲ.①高技术产业—产业集群—产业发展—研究报告—中国—2022　Ⅳ.①F127.9

中国国家版本馆CIP数据核字（2023）第084679号

2022火炬创新型产业集群与产业基地统计监测报告

策划编辑：刘文文　　责任编辑：张　红　　责任校对：王瑞瑞　　责任出版：张志平

出　版　者	科学技术文献出版社
地　　　址	北京市复兴路15号　邮编　100038
编　务　部	（010）58882938，58882087（传真）
发　行　部	（010）58882868，58882870（传真）
邮　购　部	（010）58882873
官方网址	www.stdp.com.cn
发　行　者	科学技术文献出版社发行　全国各地新华书店经销
印　刷　者	北京时尚印佳彩色印刷有限公司
版　　　次	2023年5月第1版　2023年5月第1次印刷
开　　　本	889×1194　1/16
字　　　数	364千
印　　　张	13.25
书　　　号	ISBN 978-7-5235-0260-0
定　　　价	48.00元

版权所有　违法必究

购买本社图书，凡字迹不清、缺页、倒页、脱页者，本社发行部负责调换

编委会

主　　编：贾敬敦　吕先志

副主编：徐　轶　许栋明

成　　员：（按姓氏拼音排序）

蔡子航　陈　彦　范晓庆　谷潇磊　李　桦　李　岭
李文奇　牛树云　强彬彬　尚雁洁　孙翔宇　谭玉林
王　涛　王　新　王　奕　王博宇　王崇锦　王天霞
王胤杰　肖　伟　张艳秋　周　航

编写组：陈　彦　孙翔宇　李　岭　蔡子航　王　新　牛树云
肖　伟　范晓庆

编写说明

产业集群基地类综合统计是经国家统计局批准（国统制〔2022〕11号），根据《火炬统计调查制度》，由科技部火炬中心组织实施的科技统计专项调查，调查范围包括创新型产业集群、国家火炬特色产业基地和国家火炬软件产业基地。

《2022火炬创新型产业集群与产业基地统计监测报告》是对2021年集群基地内企业、从业人员、服务机构、科技活动、产业规模、经济效益等进行的全面统计调查分析，覆盖了全国31个省、自治区、直辖市，新疆生产建设兵团和5个计划单列市，涵盖了全国147家创新型产业集群、476家国家火炬特色产业基地和44家国家火炬软件产业基地。

目 录

第一篇 创新型产业集群 ... 1
一、总体情况 ... 3
（一）基本情况 ... 3
（二）发展特征 ... 3
二、区域布局 ... 7
（一）各地区分布 ... 7
（二）4类区域分布 ... 8
（三）国家战略区域分布 ... 8
三、产业布局 ... 10
（一）战略性新兴产业分布 ... 10
（二）高新技术领域分布 ... 10
（三）4类区域分布 ... 11
四、集群发展情况 ... 13
（一）政策环境 ... 14
（二）企业构成 ... 14
（三）人员构成 ... 15
（四）研发机构构成 ... 15
（五）创新服务机构构成 ... 16
（六）金融服务机构和其他机构构成 ... 17
（七）科技活动与产出 ... 17
五、产业发展情况 ... 20
（一）新一代信息技术产业 ... 21
（二）高端装备制造产业 ... 26
（三）新材料产业 ... 31
（四）生物产业 ... 36
（五）新能源汽车产业 ... 41
（六）新能源产业 ... 46
（七）节能环保产业 ... 51
（八）数字创意产业 ... 55
（九）相关服务业 ... 59

第二篇 国家火炬特色产业基地 ... 65
一、总体情况 ... 67
（一）基本情况 ... 67

（二）发展特征 …… 67
　二、区域布局 …… 70
　　（一）各地区分布 …… 70
　　（二）4类区域分布 …… 71
　　（三）国家战略区域分布 …… 71
　三、产业布局 …… 73
　　（一）战略性新兴产业分布 …… 73
　　（二）高新技术领域分布 …… 73
　　（三）各地区分布 …… 74
　　（四）4类区域分布 …… 77
　四、基地发展情况 …… 79
　　（一）政策环境 …… 79
　　（二）企业构成 …… 79
　　（三）人员构成 …… 80
　　（四）研发机构构成 …… 80
　　（五）服务机构构成 …… 81
　五、产业发展情况 …… 82
　　（一）新一代信息技术产业 …… 83
　　（二）高端装备制造产业 …… 87
　　（三）新材料产业 …… 90
　　（四）生物产业 …… 94
　　（五）新能源汽车产业 …… 98
　　（六）新能源产业 …… 101
　　（七）节能环保产业 …… 105
　　（八）数字创意产业 …… 108
　　（九）相关服务业 …… 110

第三篇　国家火炬软件产业基地 …… 115
　一、总体情况 …… 117
　二、区域布局 …… 118
　　（一）各地区分布 …… 118
　　（二）4类区域分布 …… 119
　　（三）国家战略区域分布 …… 119
　三、产业发展情况 …… 121
　　（一）基础建设 …… 121
　　（二）企业构成 …… 121
　　（三）人员构成 …… 123
　　（四）创新投入 …… 124
　　（五）创新产出 …… 125
　　（六）经济产出 …… 125

附　表 …… 129

第一篇 创新型产业集群

创新型产业集群(简称"集群")是以培育具有国际竞争力的创新型科技企业为重点,集聚创新资源,营造创新生态,推动产业链相关联企业、研发机构、服务平台分工合作和协同创新,提升产业创新能力和现代化水平的新型产业组织方式。2021年,创新型产业集群积极落实"十四五"规划纲要,围绕产业链部署创新链、围绕创新链布局产业链,扎实推进高新技术产业"补链强链",提升企业技术创新能力,促进科技服务体系提质增效,推动产业链、创新链、资金链、人才链深度融合,主导产业发展势头强劲,经济指标增长明显,为培育国家战略科技力量、实现高水平科技自立自强和经济高质量发展做出了突出贡献。

一、总体情况

（一）基本情况

创新型产业集群聚焦战略性新兴产业和高新技术产业，以国家高新技术产业开发区和京津冀地区、粤港澳大湾区、长三角一体化地区、成渝经济圈和东北全面振兴区域等国家战略区域为主阵地，按照我国推动高新技术产业高质量发展总体部署进行战略布局。"十三五"以来，全国创新型产业集群发展到147个，分布于全国28个省、自治区、直辖市和新疆生产建设兵团，其中，82%位于国家高新技术产业开发区内。2021年，创新型产业集群经济规模大幅提升，工业总产值达到6.53万亿元，同比增长38.94%，大约比2016年翻了一番（图1-1）。企业结构进一步优化，集群集聚企业总数达3.49万家，同比增长34.30%。以新型研发机构等为代表的技术创新体系结构不断优化，以创业孵化和技术转移为代表的科技创新体系日益健全，支撑创新型产业集群在产业链关键产品、创新链关键技术、人才链高端供给等方面取得长足进步。

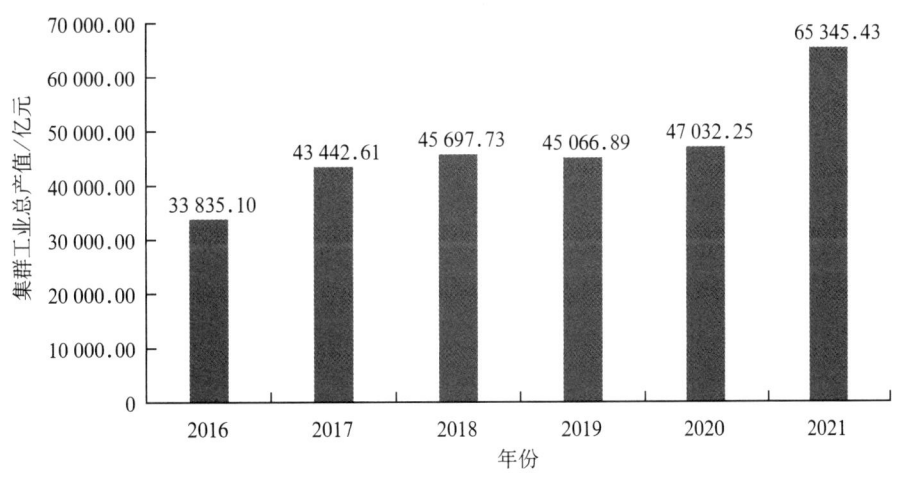

图1-1 2016—2021年集群工业总产值

（二）发展特征

1. 产业高端化发展，产业链供应链安全稳定

依靠科技创新实现产业高技术含量、产品高附加值和市场高占有率是产业高端化的必由之路，产业链供应链安全稳定是构建新发展格局的重要基础。创新型产业集群落实国家发展战略整体部署，瞄准战略性新兴产业重点布局，高端装备制造产业、生物产业和新一代信息技术产业创新型产业集群数量达到101个，占集群总数的68.71%。高成长型科技企业对产业发展的引领作用不断增强，高新

技术企业数量占集群企业总数的比例达到47.25%,营业收入超过10亿元的企业数量较上年增长超过50%,初步形成以领军企业为龙头,大中小企业融通发展的产业链条。

2. 强化科技供给,创新链现代化水平大幅提高

创新型产业集群按照围绕产业链部署创新链、围绕创新链布局产业链的总体要求,聚焦产业链难点堵点"补链强链",加大关键核心技术攻关,科技创新取得显著成效。创新平台建设力度逐年加大,达到8097个,同比增长33.3%。研发投入幅度大幅增加,企业研发投入强度达到3.80%,较上年提高1.22个百分点(图1-2)。创新成果产出显著,当年授权发明专利、形成国家标准数量均实现大幅增长,增幅分别为20.3%和52.9%。关键核心技术取得突破性进展,新能源创新型产业集群的锂电池高端隔膜打破美日技术垄断。

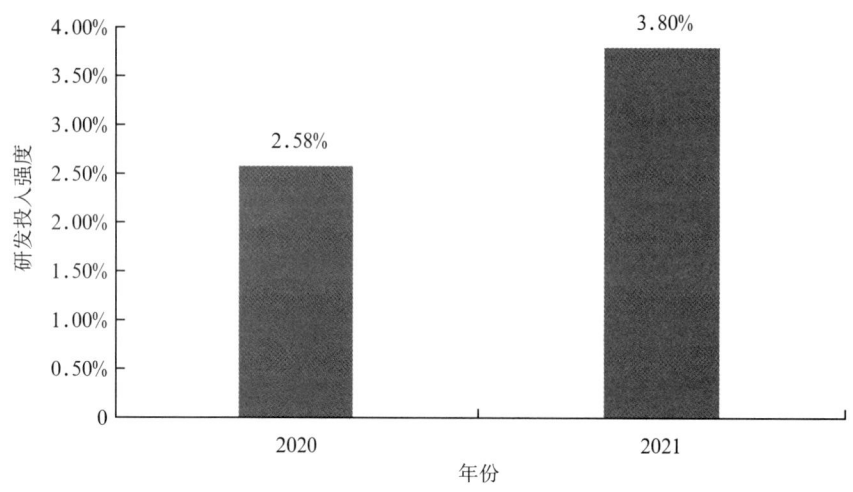

图1-2 2020—2021年集群研发投入强度

3. 优化人才梯队,人才链高端化水平大幅提升

人才是第一资源,一流科技领军人才和创新团队是支撑产业高端化发展的重要保障。2021年,创新型产业集群积极发挥国家实验室、国家科研机构、高水平研究型大学、科技领军企业的国家队作用,围绕产业链、创新链布局人才链,人才高质量供给水平更加完备,高端人才不断集聚,硕士和博士高学历人员同比增长近20%,研发人员占集群人员总数的比例达到24.30,各类大学达到367家,博士后科研工作站、院士工作站等创新团队达1022家,同比增长36.09%(表1-1)。

表1-1 2020—2021年集群人才构成情况

主要指标	2020年	2021年	增长率
硕士人员/人	291 726	348 459	19.45%
博士人员/人	32 852	35 178	7.08%
研发人员/人	1 161 926	1 307 384	12.52%
大学/家	283	367	29.68%
博士后科研工作站/家	476	655	37.61%

续表

主要指标	2020年	2021年	增长率
院士工作站/家	275	367	33.45%

4. 聚焦金融服务，科技金融支持力度逐步增强

创新型产业集群聚焦金融服务科技创新的短板弱项，完善金融服务体系，推动金融体系更好地服务企业和产业发展的新趋势、新需求，在科技金融服务平台建设和服务模式改革方面取得了初步成效。2021年，创新型产业集群加大投资机构建设力度，以创业风险投资机构为代表的金融服务机构达3139家，同比增长37.25%；其中创业风险投资机构为1385家，占比为44.12%（图1-3）。当年风险投资额大幅增加，获得的风险投资额达906.7亿元，同比增长18.9%。金融服务专注于投早、投小、投科技，从研发到成果转化的全生命周期基金模式不断健全。

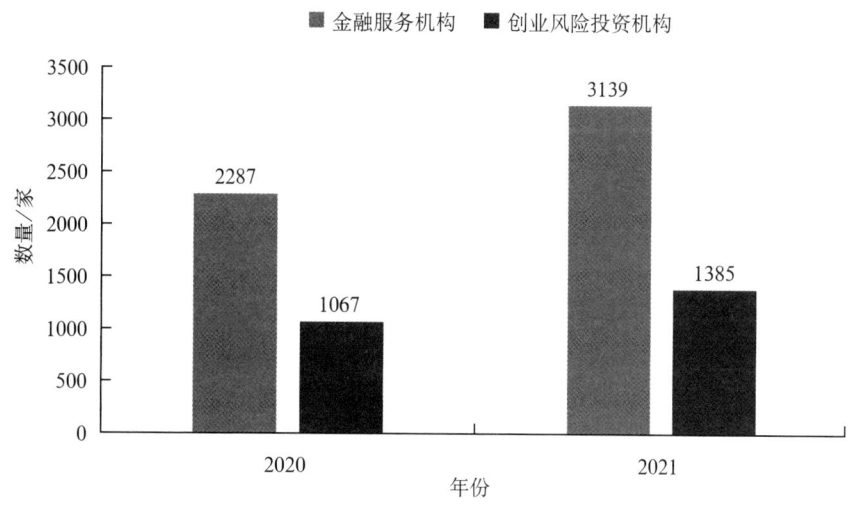

图1-3　2020—2021年集群金融服务机构中创业风险投资机构情况

5. 提升产业观念，集群管理服务意识逐步加强

集群着力强化科技创新服务体系支撑作用，面向全产业链完善创新创业、技术转移、知识产权等服务体系，提升服务体系效能。河北出台《河北省科技创新"十四五"规划》，提出加快完善科技成果转化制度体系和技术转移服务支撑体系，构建功能完备的技术转化平台、成果交易平台，推动一大批科技成果向现实生产力转化；江苏着力建设集群创新创业服务体系，支持以构建全链条创新创业服务体系为抓手，加快打造一流产业发展生态。2021年，集群服务平台数量大幅增加，科技企业孵化器达到1156家，同比增长29.9%；知识产权服务机构达到1238家，同比增长53.4%（图1-4）。

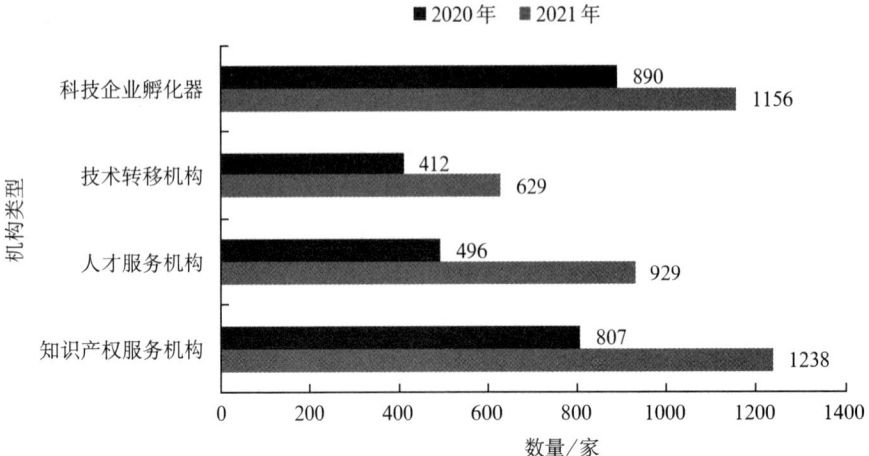

图 1-4 2020—2021 年集群主要创新服务机构和其他服务机构构成情况

二、区域布局

创新型产业集群作为引导企业分工协作、提升产业集合竞争力的创新高地和产业高地,在地理区位、产业配套、创新环境、开放水平、市场化程度等方面均具有明显的领先优势,在全国的布局也体现出明显的区域特征。截至2021年年底,全国147个集群在全国大部分地区均已布局,围绕京津冀地区、粤港澳大湾区、长三角一体化地区、成渝经济圈和东北全面振兴区域等国家战略区域强化产业集聚,东多西少的特征逐渐显现。

（一）各地区分布

集群在全国大部分地区实现布局。2021年,除海南、西藏和宁夏外,集群在全国28个省、自治区、直辖市,新疆生产建设兵团和5个计划单列市均有布局,各地区数量分布呈现不均衡的特征。其中,广东、江苏和山东的集群数量居全国前3位,分别为16个、15个和14个;计划单列市中,深圳、青岛、宁波的集群数量均为1个（表1-2）。

表1-2　2021年各地区集群分布情况

单位:个

地区	数量	地区	数量
北京	2	广西	2
天津	5	海南	0
河北	5	重庆	3
山西	3	四川	5
内蒙古	1	贵州	2
辽宁	4	云南	3
吉林	3	西藏	0
黑龙江	3	陕西	6
上海	6	甘肃	1
江苏	15	青海	3
浙江	2	宁夏	0
安徽	4	新疆	1
福建	3	新疆生产建设兵团	1
江西	6	大连	2

续表

地区	数量	地区	数量
山东	14	宁波	1
河南	5	厦门	2
湖北	10	青岛	1
湖南	6	深圳	1
广东	16		

总计：147

（二）4 类区域分布

东部地区集群发展领先全国。从 4 类区域分布来看，以广东、江苏为代表的东部发达地区创新资源更为集聚，市场化程度更高，创新环境明显优于其他地区，集群数量达到 73 个，居 4 类区域首位，占全国集群总数的 49.66%。中部地区紧随其后，共有集群 34 个，占比为 23.13%。其中，湖北的集群数量最多，为 10 个，湖南、江西的集群数量均为 6 个，三省占中部地区集群总数超过六成。西部地区集群总数为 28 个，陕西和四川的集群数量分别为 6 个和 5 个，其他地区集群数量较少。东北地区集团数量只有 12 个，占比仅为 8.16%（图 1-5）。

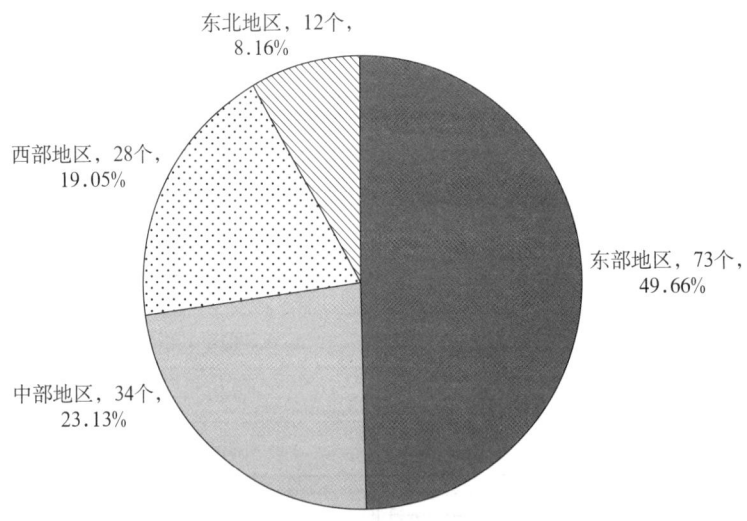

图 1-5　2021 年 4 类区域集群数量分布情况

（三）国家战略区域分布

长三角地区集群规模快速发展壮大。从国家战略区域分布来看，各区域由于资源禀赋、产业基础、地理位置等不同，集群分布差异较大。长三角一体化地区以江苏为代表，集群数量最多，达 28 个，占全国集群总数的 19.05%。粤港澳大湾区和东北全面振兴区域的集群数量均为 13 个，占比均为 8.84%。

京津冀地区地理位置特殊，正在通过产业转移实现经济转型发展和区域间平衡发展，集群数量为12个，集群发展质量逐步提高。成渝经济圈作为西部经济发展的集聚区，集群数量仅有8个，双城经济圈一体化协同发展的空间巨大（图1-6）。

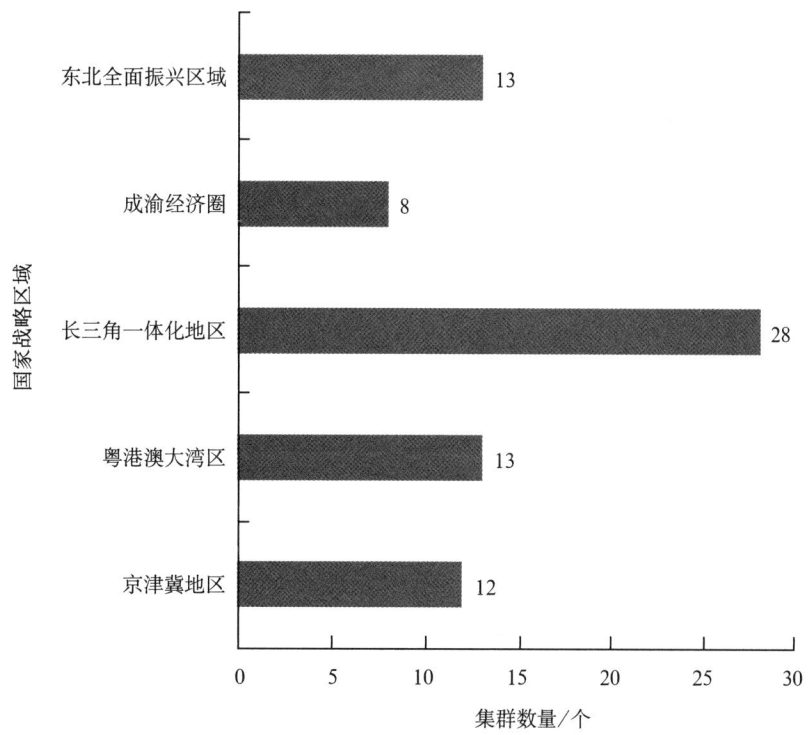

图1-6　2021年国家战略区域集群数量分布情况

三、产业布局

（一）战略性新兴产业分布

高端装备制造产业集聚明显。按照国家统计局《战略性新兴产业分类（2018）》，全国共有高端装备制造产业集群 40 个，居各产业领域首位，占比为 27.21%；居第 2 位和第 3 位的是生物产业集群和新一代信息技术产业集群，数量分别为 31 个和 30 个，占比分别为 21.09% 和 20.41%。上述 3 类产业集群的数量总和占全国集群总数的 68.71%。其他产业领域集群数量明显较少，新材料产业集群为 20 个，新能源和新能源汽车产业集群分别为 9 个和 8 个，各产业领域间集群分布不均衡的特征非常明显（图 1-7）。

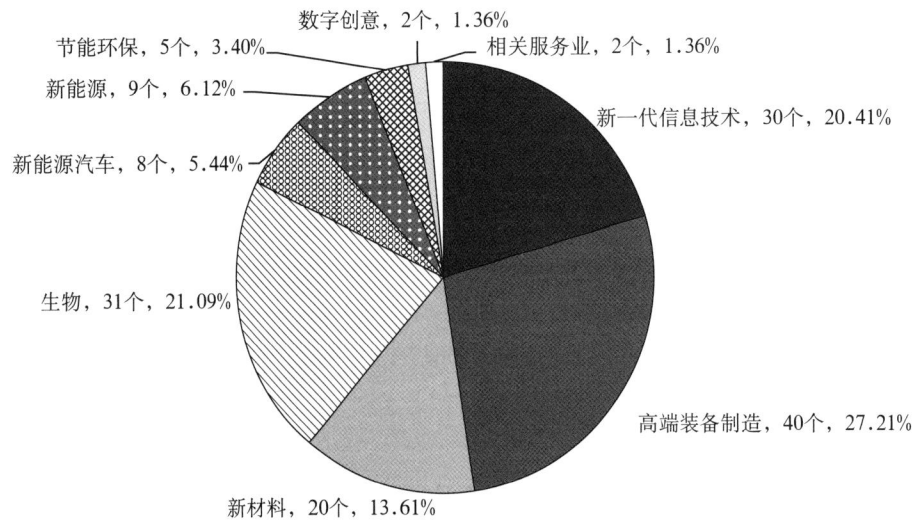

图 1-7　2021 年各战略性新兴产业集群数量分布情况

（二）高新技术领域分布

先进制造与自动化领域集群数量最多。按照《国家重点支持的高新技术领域》中的分类，集群覆盖了全部八大高新技术领域，体现了集群产业的高技术特征。先进制造与自动化、电子信息、生物与新医药 3 类产业集群数量居前 3 位，集群总数为 101 个，占全国集群总数的比例高达 68.71%。集群在各高新技术领域分布极不均衡。其中，先进制造与自动化技术领域的集群数量为 38 个，占全国集群总数的 25.85%；资源与环境及航空航天技术领域的集群数量居末位，均仅有 2 个（图 1-8）。

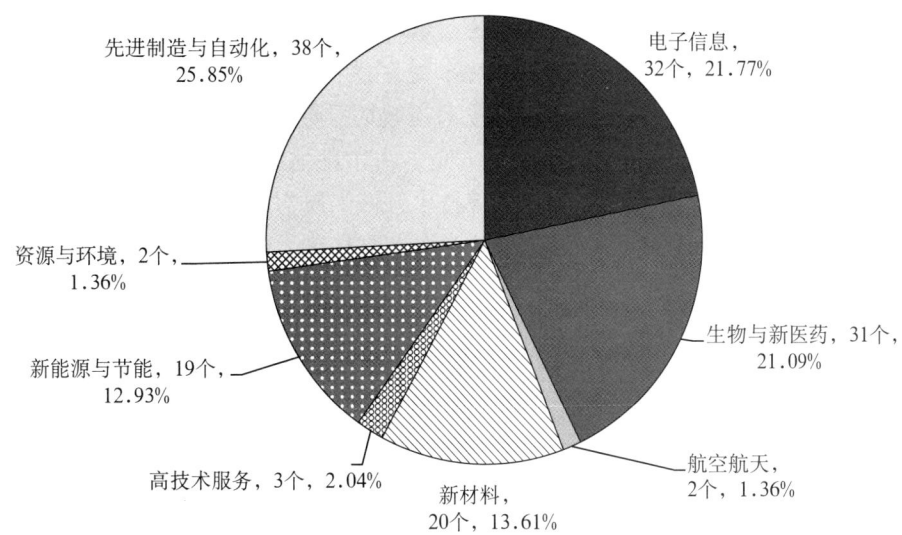

图1-8　2021年各高新技术领域集群数量分布情况

（三）4类区域分布

高端装备制造业主要集中在东部和中部地区。东部地区的73个集群中，高端装备制造产业集群共有20个，占东部地区的27.40%；之后为生物和新一代信息技术产业集群，分别为17个和16个。中部地区高端装备制造产业集群数量为14个，虽少于东部地区，但在中部地区的占比高达41.18%。西部地区集群主要分布在生物产业，为7个；之后为新材料和新一代信息技术产业集群，分别为6个和5个。东北地区集群分布较为平均，12个集群平均分布在新一代信息技术、高端装备制造、新材料和生物产业，各有3个（表1-3）。

表1-3　4类区域集群在战略性新兴产业分布情况

单位：个

战略性新兴产业	东部地区	中部地区	西部地区	东北地区	总计
新一代信息技术	16	6	5	3	30
高端装备制造	20	14	3	3	40
新材料	7	4	6	3	20
生物	17	4	7	3	31
新能源汽车	3	3	2		8
新能源	6	1	2		9
节能环保	2	1	2		5
数字创意	1		1		2
相关服务业	1	1			2
总计	73	34	28	12	147

注：本书表格中的空白表示为0或无数据，全书同。

先进制造与自动化技术主要集中在东部地区。东部地区在先进制造与自动化技术领域布局集群最多，为21个，占东部地区集群总数的28.77%；之后为生物与新医药和电子信息技术领域，集群数量均为17个。中部地区先进制造与自动化技术领域集群数量为13个，占中部地区集群总数的38.24%；其次为电子信息技术领域，集群数量为6个，占中部地区集群总数的17.65%。西部地区生物与新医药技术领域共有7个集群，在资源与环境技术领域尚属空白。东北地区电子信息技术领域集群数量最多，为4个，总量偏少；在新能源与节能、资源与环境、航空航天、高技术服务技术领域尚无集群布局（表1-4）。

表1-4 4类区域集群在高新技术领域分布情况

单位：个

高新技术领域	东部地区	中部地区	西部地区	东北地区	总计
电子信息	17	6	5	4	32
生物与新医药	17	4	7	3	31
航空航天		1	1		2
新材料	7	4	6	3	20
高技术服务	1	1	1		3
新能源与节能	9	4	6		19
资源与环境	1	1			2
先进制造与自动化	21	13	2	2	38
总计	73	34	28	12	147

四、集群发展情况

推动创新型产业集群高质量发展，是深入实施创新驱动发展战略、提升产业创新能力、建设现代化经济体系、促进经济高质量发展的重要战略支撑。2021年，创新型产业集群企业规模和企业发展质量同步提升，人员结构不断优化，技术创新体系持续完善，创新服务体系发展与时俱进，总体经济指标表现良好，呈现整体向好的发展势头。从集群主要指标来看，集群内企业总数达到3.49万家，同比增长34.30%；从业人员537.92万人，同比增长24.86%；实现营业收入8.68万亿元，同比增长38.94%。从各集群发展来看，以深圳高新区下一代互联网创新型产业集群为代表的新一代信息技术产业和以国家级轨道交通创新型产业集群为代表的高端装备制造产业可持续发展取得较好成效，集群营业收入居全国前列（表1-5）。

表1-5 2021年营业收入前20名集群名单

序号	集群名称
1	深圳高新区下一代互联网创新型产业集群
2	中关村移动互联网创新型产业集群
3	成都数字新媒体创新型产业集群
4	惠州云计算智能终端创新型产业集群
5	西安泛在网络技术创新型产业集群
6	杭州数字安防创新型产业集群
7	国家级轨道交通创新型产业集群
8	无锡高新区智能传感系统创新型产业集群
9	泰州生物医药创新型产业集群
10	佛山智能家居创新型产业集群
11	柳州汽车整车及关键零部件创新型产业集群
12	株洲轨道交通装备制造创新型产业集群
13	大连信息技术及服务创新型产业集群
14	重庆电子信息创新型产业集群
15	天津基于国产自主可控的信息安全创新型产业集群
16	太原不锈钢创新型产业集群
17	江阴特钢新材料创新型产业集群

续表

序号	集群名称
18	青岛机器人创新型产业集群
19	太原高新区核心电子器件及应用创新型产业集群
20	厦门火炬高新区软件和信息服务业创新型产业集群

（一）政策环境

国务院有关部门和地方政府关于鼓励高新技术产业发展、创新型产业集群发展的一系列政策措施相继出台，为促进创新型产业集群高质量发展提供了重要的制度保障。2020年，《国务院关于促进国家高新技术产业开发区高质量发展的若干意见》（国发〔2020〕7号）成为"十四五"时期国家高新区高质量发展的指导性文件。科技部火炬中心出台了《关于印发〈关于深入推进创新型产业集群高质量发展的意见〉的通知》（国科火字〔2020〕85号）、《关于印发〈创新型产业集群评价指引（试行）〉的通知》（国科火字〔2020〕183号），为集群"十四五"时期开好局、起好步奠定了坚实基础。国家发展改革委等部门发布了《关于扩大战略性新兴产业投资 培育壮大新增长点增长极的指导意见》（发改高技〔2020〕1409号），支持战略性新兴产业发展。《广东省人民政府关于培育发展战略性支柱产业集群和战略性新兴产业集群的意见》（粤府函〔2020〕82号）提出，大力发展十大战略性支柱产业集群和十大战略性新兴产业集群。《江苏省人民政府办公厅关于印发江苏省"十四五"科技创新规划的通知》（苏政办发〔2021〕62号）把培育形成一批具有国际竞争力的创新型产业集群作为"十四五"时期的发展目标。《云南省人民政府关于促进高新技术产业开发区高质量发展的实施意见》（云政发〔2020〕36号）和《云南省人民政府关于印发云南省推动重点产业园区高质量发展若干政策措施的通知》（云政发〔2022〕6号）支持高新区打造特色产业集群，做大做强特色主导产业。

（二）企业构成

"十四五"规划纲要提出，强化企业创新主体地位，促进各类创新要素向企业集聚，形成以企业为主体、市场为导向、产学研用深度融合的技术创新体系。集群积极落实规划纲要要求，企业规模和质量不断提升，科技型企业群体不断壮大，科技创新能力显著增强，领军企业引领产业链上下游协同发展取得良好经济效益。2021年，集群内企业总数达到3.49万家，同比增长34.30%；其中，高新技术企业占比近50%，达到1.65万家，同比增长38.62%；营业收入超过10亿元的企业新增435家，达到1295家；拥有科技机构的企业达到10 207家，占比为29.28%（表1-6）。

表1-6 2020—2021年集群企业构成

单位：家

企业类型	2020年	2021年	增长率
集群企业总数	25 953	34 856	34.30%
其中：高新技术企业	11 881	16 469	38.62%
其中：营业收入超过1亿元小于10亿元的企业	4102	5157	25.72%

续表

企业类型	2020年	2021年	增长率
营业收入超过10亿元的企业	860	1295	50.58%
其中：境外控股企业	1573	1979	25.81%
其中：拥有科技机构的企业	8347	10 207	22.28%
其中：上市企业（不含新三板挂牌企业）	676	742	9.76%
新三板挂牌企业	777	770	−0.90%
其中：在孵企业	7607	9653	26.90%
毕业企业	4046	4464	10.33%

（三）人员构成

人才是第一资源。集群充分发挥人才对技术创新、成果转化和产业发展的支撑引领作用，通过人才培养、招才引智吸引创新型人才落地，集群人员规模持续增长，高层次人才数量显著提升，为集群发展注入创新活力。2021年，集群人员总数为537.92万人，新增107.10万人，同比增长24.86%。其中，研发人员稳步增长，达到130.74万人，占比为24.30%；大专及以上学历人员320.79万人，占比为59.63%，同比增长19.82%；硕士及以上学历人员38.36万人，同比增长18.20%（表1-7）。

表1-7　2020—2021年集群人员构成

单位：人

从业人员	2020年	2021年	增长率
集群人员总数	4 308 204	5 379 244	24.86%
其中：大专及以上学历人员	2 677 247	3 207 909	19.82%
其中：硕士人员	291 726	348 459	19.45%
博士人员	32 852	35 178	7.08%
其中：留学回国人员	40 260	41 062	1.99%
其中：研发人员	1 161 926	1 307 384	12.52%

（四）研发机构构成

强化国家战略科技力量，提高企业技术创新能力，是深入实施创新驱动发展战略、全面塑造新发展优势的必然选择。集群瞄准关键核心技术攻关，着力提高科技供给能力，创新链现代化水平显著。2021年，集群共有研发机构8097家。各类研发机构中，企业技术中心数量最多，为2803家，占研发机构总数的34.62%；其次为省级及以上工程技术研究中心，为1715家，占研发机构总数的21.18%。研发组织的新机制新模式不断涌现，集研发、孵化、转化及投融资于一体的新型研发机构快速发展，带动新型产业技术研发机构数量大幅提升，较上年新增179家，增幅为51.14%（表1-8）。

表 1-8 2020—2021 年集群研发机构构成

单位：家

研发机构类型	2020 年	2021 年	增长率
研发机构总数	6074	8097	33.31%
研究院所	526	643	22.24%
省级及以上重点实验室	358	521	45.53%
企业技术中心	2151	2803	30.31%
新型产业技术研发机构	350	529	51.14%
博士后科研工作站	476	655	37.61%
各类大学	283	367	29.68%
国家工程研究中心	108	126	16.67%
省级及以上工程技术研究中心	1277	1715	34.30%
国家工程实验室	79	99	25.32%
外资研发机构	191	272	42.41%
院士工作站	275	367	33.45%

（五）创新服务机构构成

各类创新服务机构不断创新创业孵化、成果转化、检验检测、知识产权等服务模式，精准服务企业发展需求，对集群可持续发展的支撑作用日益增强。2021 年，集群共有创新服务机构 3484 家，同比增长 42.61%。其中，新增国家级科技企业孵化器 53 家，新增科技部备案的众创空间 74 家，分别达到 352 家和 432 家，带动全国集群科技企业孵化器总量和众创空间总量达到 1156 家和 998 家；集群产品检验检测需求大幅增加，新增产品检验检测机构 204 家，达到 538 家，同比增长 61.08%（表 1-9）。

表 1-9 2020—2021 年集群创新服务机构构成

单位：家

创新服务机构类型	2020 年	2021 年	增长率
创新服务机构总数	2443	3484	42.61%
科技企业孵化器	890	1156	29.89%
其中：国家级科技企业孵化器	299	352	17.73%
众创空间	680	998	46.76%
其中：科技部备案的众创空间	358	432	20.67%
生产力促进中心	127	163	28.35%
技术转移机构	412	629	52.67%
产品检验检测机构	334	538	61.08%
其中：具有国家级资质的产品检验检测机构	136	204	50.00%

（六）金融服务机构和其他机构构成

金融服务机构将更多金融资源投向产业重点领域和薄弱环节,创新金融服务模式和金融服务产品,为促进企业提质增效发挥了巨大的推动作用。2021年,集群共有金融服务机构3139家。其中,创业风险投资机构和知识产权服务机构数量较多,较上年分别新增318家和431家,达到1385家和1238家,居各类服务机构前列。集群企业不断增长的创新人才需求催生了大批人才服务机构,机构总数由上年的496家增长到929家,新增433家,同比增长87.30%(表1-10)。

表1-10　2020—2021年集群金融服务机构和其他服务机构构成

单位：家

服务机构类型	2020年	2021年	增长率
金融服务机构总数	2287	3139	37.25%
创业风险投资机构	1067	1385	29.80%
担保公司	342	434	26.90%
小额贷款公司	302	444	47.02%
科技金融服务机构	576	876	52.08%
其他服务机构总数	1619	2568	58.62%
技工学校	316	401	26.90%
人才服务机构	496	929	87.30%
知识产权服务机构	807	1238	53.41%

（七）科技活动与产出

集群围绕产业链部署创新链、围绕创新链布局产业链,充分发挥研发机构和企业资源优势,强化市场导向的产学研合作,科技创新活动日益活跃,为支撑集群关键核心技术攻关、新产品创新,实现产业转型升级发挥了重要作用。从研发投入来看,集群用于研发的费用支出大幅增加,从上年的1613.72亿元增长到3294.84亿元,同比增长104.18%。2021年,全国集群研发投入强度平均水平达到3.8%,总体呈上升趋势,较上年提高了1.2个百分点。其中,宁波高新区工业互联网创新型产业集群研发投入强度排名第一(表1-11)。

表1-11　2021年研发投入强度前20名集群名单

序号	集群名称
1	宁波高新区工业互联网创新型产业集群
2	玉溪高新区生物医药创新型产业集群
3	大连高端工业软件创新型产业集群
4	昆山小核酸创新型产业集群
5	福州高新区光电创新型产业集群

续表

序号	集群名称
6	珠海智能配电网装备创新型产业集群
7	深圳高新区下一代互联网创新型产业集群
8	东莞机器人智能装备创新型产业集群
9	绵阳新型显示创新型产业集群
10	杭州数字安防创新型产业集群
11	郑州智能仪器仪表创新型产业集群
12	成都高新区医药健康创新型产业集群
13	成都数字新媒体创新型产业集群
14	烟台海洋生物与医药创新型产业集群
15	漕河泾知识型服务业创新型产业集群
16	厦门火炬高新区软件和信息服务业创新型产业集群
17	武汉东湖高新区国家地球空间信息及应用服务创新型产业集群
18	莱芜高新区智能制造装备创新型产业集群
19	厦门海洋与生命科学创新型产业集群
20	临沂电子元器件及其功能材料创新型产业集群

从研发产出来看，集群企业发明创造能力显著提升，通过专利申请和标准制定引领产业发展，以硬实力提升产业发展话语权。2021年，集群当年获得授权发明专利61 796件，同比增长52.87%。其中，国内发明专利占比近八成；当年形成国际标准222项，新增137项，同比增长161.18%；当年形成国家或行业标准1735项，新增664项，同比增长62.00%（表1-12）。

表1-12　2020—2021年集群科技活动产出情况

科技活动情况	2020年	2021年	增长率
当年申请发明专利/件	108 411	130 460	20.34%
其中：国内发明专利/件	87 827	103 143	17.44%
当年申请欧美日专利/件	5090	6082	19.49%
当年获得授权发明专利/件	40 425	61 796	52.87%
其中：国内发明专利/件	34 760	49 309	41.86%
欧美日专利/件	4138	3863	-6.65%
当年注册商标/件	24 317	38 128	56.80%
当年境外注册商标/件	16 355	19 368	18.42%
当年获得软件著作权设计专有权/件	43 010	54 200	26.02%

续表

科技活动情况	2020 年	2021 年	增长率
当年获得集成电路布图 / 件	955	1093	14.45%
当年形成国际标准 / 项	85	222	161.18%
当年形成国家或行业标准 / 项	1071	1735	62.00%
当年获得国家科技奖励 / 项	79	59	−25.32%
认定登记的技术合同项数 / 项	57 876	56 691	−2.05%
认定登记的技术合同成交金额 / 亿元	1870.77	1708.47	−8.68%

五、产业发展情况

按照战略性新兴产业分类，九大领域集群整体呈持续向好的发展态势，产业基础更加雄厚，产业规模持续扩大，产业发展水平逐年提升，为支撑我国产业链现代化、经济发展提质增效发挥了重要作用。从集群各产业发展规模来看，2021年，新一代信息技术产业集群的发展规模和发展水平居首位，企业总数、人员总数、营业收入、净利润、研发费用支出、拥有有效发明专利数多项指标排名第一；高端装备制造产业集群数量最多，占集群总数的比例超过1/4；节能环保产业集群的研发投入处于各产业低位（表1-13）。

表1-13　2021年集群各产业主要指标情况

战略性新兴产业	数量/个	企业总数/家	其中：高新技术企业/家	人员总数/人	营业收入/亿元	净利润/亿元	研发费用支出/亿元	拥有有效发明专利/件
新一代信息技术	30	12 638	6740	2 071 602	34 997.27	3126.89	1956.09	213 487
高端装备制造	40	7797	3290	1 241 206	18 501.39	1423.41	407.86	35 955
新材料	20	2697	717	308 277	7500.11	480.79	151.42	9852
生物	31	5897	2243	789 271	10 783.27	1173.69	255.23	30 437
新能源汽车	8	1043	686	272 740	5161.09	249.80	124.70	11 176
新能源	9	1232	729	228 493	4187.36	402.08	88.51	10 739
节能环保	5	969	244	76 288	1108.20	135.10	10.94	1886
数字创意	2	1685	1222	262 291	3857.78	497.09	248.88	14 178
相关服务业	2	898	598	129 076	703.73	68.12	51.22	5760
总计	147	34 856	16 469	5 379 244	86 800.20	7556.97	3294.85	333 470

从集群各产业发展增速来看，2021年，新一代信息技术产业集群工业总产值增速达到51.18%，高于全国集群平均水平12.24个百分点；新能源汽车产业集群营业收入增长最快，同比增长49.14%，高于全国集群平均水平10.52个百分点；节能环保产业集群研发投入强度虽然不高，但盈利能力明显增强，实际上缴税费总额和净利润基本实现翻番；新能源产业集群研发费用增长近1.3倍；相关服务业、数字创意和新一代信息技术产业集群研发投入强度均高于全国集群平均水平（表1-14）。

表 1-14　2021 年集群各产业主要指标增速

战略性新兴产业	企业总数增速	工业总产值增速	营业收入增速	实际上缴税费总额增速	净利润增速	研发费用增速	研发投入强度
新一代信息技术	45.15%	51.18%	41.29%	26.75%	17.80%	97.03%	5.59%
高端装备制造	48.18%	45.45%	46.75%	33.79%	36.68%	108.20%	2.20%
新材料	28.74%	30.32%	40.47%	36.86%	70.35%	73.27%	2.02%
生物产业	21.81%	23.72%	23.95%	17.39%	47.70%	79.64%	2.37%
新能源汽车	54.98%	46.87%	49.14%	22.27%	53.47%	22.40%	2.42%
新能源	24.82%	28.14%	31.03%	11.50%	43.73%	129.69%	2.11%
节能环保	0.31%	12.93%	12.16%	108.81%	96.91%	10.40%	0.99%
数字创意	3.12%	20.98%	27.29%	39.08%	31.32%		6.45%
相关服务业	13.96%	9.74%	33.61%	23.85%	37.65%	13.25%	7.28%
全国集群平均强度	34.30%	38.94%	38.62%	27.40%	32.31%	104.18%	3.80%

（一）新一代信息技术产业

新一代信息技术产业是国民经济的战略性、基础性、先导性产业，事关国家安全和社会发展，在国民经济中的地位举足轻重。2021 年，新一代信息技术产业拥有创新型产业集群 30 个，整体发展水平居各产业领域领先地位，产业规模和经济效益显著提升，创新能力持续增强，人才结构不断优化，多项指标遥遥领先其他产业集群。其中，当年实现工业总产值 1.99 万亿元，同比增长 51.18%；营业收入占全国集群营业总收入的 40.32%；研发费用支出占全国集群总支出的 59.37%（表 1-15）。各新一代信息技术产业集群中，深圳高新区下一代互联网创新型产业集群营业收入居首位（表 1-16）。

表 1-15　2020—2021 年新一代信息技术产业集群总体发展情况

主要指标	2020 年	2021 年	增长率	占全国同类指标比重
集群企业总数 / 家	8707	12 638	45.15%	36.26%
集群人员总数 / 人	1 566 085	2 071 602	32.28%	38.51%
工业总产值 / 亿元	13 145.69	19 873.89	51.18%	30.41%
营业收入 / 亿元	24 770.24	34 997.27	41.29%	40.32%
出口总额 / 亿元	5451.34	8185.57	50.16%	64.76%
净利润 / 亿元	2654.29	3126.89	17.81%	41.38%
实际上缴税费总额 / 亿元	1023.46	1297.22	26.75%	34.00%
研发费用支出 / 亿元	992.81	1956.09	97.03%	59.37%

表 1-16　2021 年新一代信息技术产业集群营业收入排名前 10 位的集群名单

序号	集群名称
1	深圳高新区下一代互联网创新型产业集群
2	中关村移动互联网创新型产业集群
3	惠州云计算智能终端创新型产业集群
4	西安泛在网络技术创新型产业集群
5	杭州数字安防创新型产业集群
6	无锡高新区智能传感系统创新型产业集群
7	佛山智能家居创新型产业集群
8	大连信息技术及服务创新型产业集群
9	重庆电子信息创新型产业集群
10	天津基于国产自主可控的信息安全创新型产业集群

1. 企业规模持续扩大，高成长企业占比增加

2021 年，新一代信息技术产业集群内企业总数达到 12 638 家，同比增长 45.15%。其中，高新技术企业和营业收入超过 10 亿元的企业实现显著增长，新增高新技术企业 2554 家，同比增长 61.01%；新增营业收入超过 10 亿元的企业 248 家，同比增长 83.22%。新一代信息技术产业集群中，企业表现出具有较强成长性的特征，上市企业和新三板挂牌企业占比明显高于其他产业领域。其中，上市企业 283 家，占全国的 38.14%；新三板挂牌企业 309 家，占全国的 40.13%（表 1-17）。

表 1-17　2020—2021 年新一代信息技术产业集群企业构成情况

单位：家

企业类型	2020 年	2021 年	增长率	占全国同类指标比重
集群企业总数	8707	12 638	45.15%	36.26%
其中：高新技术企业	4186	6740	61.01%	40.93%
其中：营业收入超过 1 亿元小于 10 亿元的企业	1234	1683	36.39%	32.64%
营业收入超过 10 亿元的企业	298	546	83.22%	42.16%
其中：境外控股企业	792	901	13.76%	45.53%
其中：拥有科技机构的企业	2411	3155	30.86%	30.91%
其中：上市企业（不含新三板挂牌企业）	236	283	19.92%	38.14%
新三板挂牌企业	289	309	6.92%	40.13%
其中：在孵企业	2374	3085	29.95%	31.96%
毕业企业	1214	1395	14.91%	31.25%

2. 就业人员总量最高，学历层次不断提升

2021年，新一代信息技术产业集群内从业人员规模居各产业领域集群首位，人员总数达到207.16万人，新增就业50.55万人，同比增长32.28%，占全国集群从业人员总数近四成。从业人员学历层次不断提升，硕士和博士人员均实现大幅增长，增幅分别为19.15%和22.55%，在全国集群从业人员中的占比保持在50%左右。留学归国人员成为新一代信息技术产业集群的核心力量，全年新增留学回国人员2620人，达到22 826人，占全国集群留学回国人员总数的55.59%（表1-18）。

表1-18　2020—2021年新一代信息技术产业集群人员构成情况

单位：人

从业人员	2020年	2021年	增长率	占全国同类指标比重
集群人员总数	1 566 085	2 071 602	32.28%	38.51%
其中：大专及以上学历人员	1 183 100	1 463 118	23.67%	45.61%
其中：硕士人员	158 631	189 001	19.15%	54.24%
博士人员	14 206	17 410	22.55%	49.49%
其中：留学回国人员	20 206	22 826	12.97%	55.59%

3. 研发机构居全国首位，企业技术中心快速发展

2021年，新一代信息技术产业集群中研发机构总数为2851家，比上年新增779家，同比增长37.60%。其中，企业技术中心快速发展到1076家，新增289家，占全国集群企业技术中心总数的近四成；省级及以上重点实验室和国家工程研究中心增长幅度较大，分别新增54家和11家，同比增长55.67%和50.00%。各产业领域集群中，新一代信息技术产业集群内外资研发机构居首位，占全国集群外资研发机构总数的比例达到57.72%（表1-19）。

表1-19　2020—2021年新一代信息技术产业集群研发机构构成情况

单位：家

研发机构类型	2020年	2021年	增长率	占全国同类指标比重
研发机构总数	2072	2851	37.60%	35.21%
研究院所	199	251	26.13%	39.04%
省级及以上重点实验室	97	151	55.67%	28.98%
企业技术中心	787	1076	36.72%	38.39%
新型产业技术研发机构	129	180	39.53%	34.03%
博士后科研工作站	179	222	24.02%	33.89%
各类大学	40	75	87.50%	20.44%
国家工程研究中心	22	33	50.00%	26.19%
省级及以上工程技术研究中心	421	598	42.04%	34.87%

续表

研发机构类型	2020年	2021年	增长率	占全国同类指标比重
国家工程实验室	27	34	25.93%	34.34%
外资研发机构	128	157	22.66%	57.72%
院士工作站	43	74	72.09%	20.16%

4. 创新服务提速发展，服务体系不断完善

新一代信息技术产业集群中创新服务机构较上年均有不同程度的增长，总数达到1278家，比上年新增517家，同比增长67.94%。其中，产品检测检验机构、技术转移机构数量较上年大约翻了一番，分别新增93家和106家；科技企业孵化器和众创空间均实现50%以上的增长，分别新增141家和170家；众创空间数量居各类创新服务机构首位。金融服务机构中，小额贷款公司和科技金融服务机构快速增长，增幅分别为95.31%和100.53%。其他服务机构中，人才服务机构和知识产权服务机构同步增长（表1-20）。

表1-20 2020—2021年新一代信息技术产业集群服务机构构成情况

单位：家

服务机构类型	2020年	2021年	增长率	占全国同类指标比重
创新服务机构总数	761	1278	67.94%	36.68%
科技企业孵化器	243	384	58.02%	33.22%
其中：国家级科技企业孵化器	78	104	33.33%	29.55%
众创空间	306	476	55.56%	47.70%
其中：科技部备案的众创空间	135	180	33.33%	41.67%
生产力促进中心	31	38	22.58%	23.31%
技术转移机构	105	211	100.95%	33.55%
产品检验检测机构	76	169	122.37%	31.41%
其中：具有国家级资质的产品检验检测机构	42	66	57.14%	32.35%
金融服务机构总数	740	1172	58.38%	37.34%
创业风险投资机构	413	557	34.87%	40.22%
担保公司	75	113	50.67%	26.04%
小额贷款公司	64	125	95.31%	28.15%
科技金融服务机构	188	377	100.53%	43.04%
其他服务机构总数	518	848	63.71%	33.02%
技工学校	33	67	103.03%	16.71%
人才服务机构	177	346	95.48%	37.24%
知识产权服务机构	308	435	41.23%	35.14%

5. 研发支出逐年增长，研发投入强度居前列

新一代信息技术产业集群中研发人员规模持续扩大，总数达到60余万人，同比增长21.52%。研发费用支出达到1956.09亿元，同比增长97.03%，占全国集群研发投入总支出的59.37%。从研发投入来看，新一代信息技术产业集群研发投入强度达到5.59%，比上年提高1.58个百分点，高于全国平均水平1.79个百分点（表1-21）。各新一代信息技术产业集群中，宁波高新区工业互联网创新型产业集群研发投入强度排名第一（表1-22）。

表1-21　2020—2021年新一代信息技术产业集群科技投入情况

科技投入	2020年	2021年	增长率	占全国同类指标比重
研发人员/人	511 932	622 086	21.52%	47.58%
研发费用支出/亿元	992.81	1956.09	97.03%	59.37%
研发投入强度	4.01%	5.59%		

表1-22　2021年新一代信息技术产业集群研发投入强度排名前10位的集群名单

序号	集群名称
1	宁波高新区工业互联网创新型产业集群
2	大连高端工业软件创新型产业集群
3	福州高新区光电创新型产业集群
4	深圳高新区下一代互联网创新型产业集群
5	绵阳新型显示创新型产业集群
6	杭州数字安防创新型产业集群
7	厦门火炬高新区软件和信息服务业创新型产业集群
8	长治高新区紫外半导体光电创新型产业集群
9	泉州微波通信创新型产业集群
10	鹰潭高新区移动物联网创新型产业集群

6. 发明专利领先全国，创新产出持续增强

新一代信息技术产业集群内企业创新能力显著提升，大部分指标居全国前列。从知识产权类型来看，当年新增获得授权发明专利16 778件，增幅达65.58%，占全国集群获得授权发明专利总量的68.55%；当年获得授权欧美日专利和当年获得软件著作权数量均占全国集群的70%左右。从技术合同来看，认定登记的技术合同成交金额为1066.45亿元，较上年小幅下降6.65%，但占全国集群技术合同成交总额的比例达到62.42%，远高于其他各产业领域集群（表1-23）。

表 1-23　2020—2021 年新一代信息技术产业集群科技产出情况

科技产出	2020 年	2021 年	增长率	占全国同类指标比重
当年申请发明专利 / 件	60 399	75 377	24.80%	57.78%
其中：国内发明专利 / 件	44 642	55 231	23.72%	53.55%
当年申请欧美日专利 / 件	3720	3477	−6.53%	57.17%
当年获得授权发明专利 / 件	25 584	42 362	65.58%	68.55%
其中：国内发明专利 / 件	21 933	32 813	49.61%	66.55%
当年获得授权欧美日专利 / 件	3456	2897	−16.17%	74.99%
当年注册商标 / 件	13 975	21 924	56.88%	57.50%
当年获得软件著作权 / 件	29 316	36 917	25.93%	68.11%
当年获得集成电路布图设计专有权 / 件	691	776	12.30%	71.00%
当年形成国际标准 / 项	54	48	−11.11%	21.62%
当年形成国家或行业标准 / 项	345	741	114.78%	42.71%
当年获得国家科技奖励 / 项	33	30	−9.09%	50.85%
认定登记的技术合同项数 / 项	37 396	38 793	3.74%	68.43%
认定登记的技术合同成交金额 / 亿元	1142.36	1066.45	−6.65%	62.42%

（二）高端装备制造产业

高端装备制造产业是推动我国工业高端化、现代化的战略性产业，是我国实现由"制造大国"向"制造强国"转变的支柱产业。2021 年，全国共有高端装备制造产业集群 40 个，集群企业规模和人员规模快速扩大，各项经济指标整体表现较好。当年实现工业总产值 1.62 万亿元，营业收入 1.85 万亿元，同比增幅均接近 50%；出口贸易表现突出，出口总额达到 980.23 亿元，同比增长 62.35%；研发费用支出较上年大约翻了一番，达到 407.86 亿元（表 1-24）。各高端装备制造产业集群中，国家级轨道交通创新型产业集群营业收入居首位（表 1-25）。

表 1-24　2020—2021 年高端装备制造产业集群总体发展情况

经济指标	2020 年	2021 年	增长率	占全国同类指标比重
集群企业总数 / 家	5262	7797	48.18%	22.37%
集群人员总数 / 人	986 527	1 241 206	25.82%	23.07%
工业总产值 / 亿元	11 145.38	16 210.62	45.45%	24.81%
营业收入 / 亿元	12 607.41	18 501.39	46.75%	21.31%
出口总额 / 亿元	603.76	980.23	62.35%	7.76%
净利润 / 亿元	1041.41	1423.41	36.68%	18.84%

续表

经济指标	2020年	2021年	增长率	占全国同类指标比重
实际上缴税费总额/亿元	523.52	700.41	33.79%	18.36%
研发费用支出/亿元	195.89	407.86	108.20%	12.38%

表1-25 2021年高端装备制造产业集群营业收入排名前10位的集群名单

序号	集群名称
1	国家级轨道交通创新型产业集群
2	株洲轨道交通装备制造创新型产业集群
3	青岛机器人创新型产业集群
4	邯郸现代装备制造创新型产业集群
5	武进机器人及智能装备创新型产业集群
6	岳阳临港高新区智能制造装备创新型产业集群
7	温州激光与光电创新型产业集群
8	常州轨道交通牵引动力与关键核心部件创新型产业集群
9	永川汽摩智造创新型产业集群
10	潍坊高端动力装备创新型产业集群

1. 领军企业显著增加，科技企业引领发展

2021年，40家高端装备制造产业集群共拥有企业7797家，同比增长48.18%。从企业类型来看，科技型企业大幅增加，高新技术企业数量居各类企业首位，为3290家，同比增长31.76%；其次为拥有科技机构的企业，为2483家，同比增长12.45%。从企业数量增速来看，营业收入超过10亿元的企业数量增长较快，同比增长49.70%，表明高端制造产业集群中领军企业数量不断增加，带动集群内大中小企业协同发展，拉动集群盈利能力不断提升；其次为在孵企业，数量达到1832家，增幅为40.28%，表明集群产业发展环境和营商环境不断优化，对初创企业的吸引和集聚作用不断增强（表1-26）。

表1-26 2020—2021年高端装备制造产业集群企业构成

单位：家

企业类型	2020年	2021年	增长率	占全国同类指标比重
集群企业总数	5262	7797	48.18%	22.37%
其中：高新技术企业	2497	3290	31.76%	19.98%
其中：营业收入超过1亿元小于10亿元的企业	1015	1366	34.58%	26.49%
营业收入超过10亿元的企业	165	247	49.70%	19.07%
其中：境外控股企业	223	272	21.97%	13.74%

续表

企业类型	2020年	2021年	增长率	占全国同类指标比重
其中：拥有科技机构的企业	2208	2483	12.45%	24.33%
其中：上市企业（不含新三板挂牌企业）	102	126	23.53%	16.98%
新三板挂牌企业	119	111	-6.72%	14.42%
其中：在孵企业	1306	1832	40.28%	18.98%
毕业企业	779	946	21.44%	21.19%

2. 人员结构不断优化，留学回国人员大幅增加

高端装备制造产业集群人员规模稳定增长，人员结构不断优化，从业人员总数达到124.12万人，同比增长25.82%，占全国集群总人数的23.07%。其中，硕士人员增幅最大，同比增长23.94%，达到36 697人；博士人员同比增长19.36%，达到3829人。2021年，高端装备制造产业集群中留学回国人员从2020年的2863人增加到3823人，同比增长33.53%，大批留学回国人员入驻集群企业，为集群专业化、高端化发展带来新生力量（表1-27）。

表1-27　2020—2021年高端装备制造产业集群企业人员构成

单位：人

从业人员	2020年	2021年	增长率	占全国同类指标比重
集群人员总数	986 527	1 241 206	25.82%	23.07%
其中：大专及以上学历人员	443 410	555 245	25.22%	17.31%
其中：硕士人员	29 609	36 697	23.94%	10.53%
博士人员	3208	3829	19.36%	10.88%
其中：留学回国人员	2863	3823	33.53%	9.31%

3. 创新体系持续健全，外资研发机构快速发展

高端装备制造产业集群中研发机构总数为2181家，比上年新增506家，同比增长30.21%。其中，新型产业技术研发机构和省级及以上工程技术研究中心较上年分别新增46家和125家，达到166家和454家，增幅均超过35%，居各类研发机构前列。博士后科研工作站和院士工作站数量居各产业领域集群前列，分别为208家和141家。外资研发机构落户集群的数量明显增加，由上年的6家增长到30家（表1-28）。

表1-28　2020—2021年高端装备制造产业集群研发机构构成

单位：家

研发机构类型	2020年	2021年	增长率	占全国同类指标比重
研发机构总数	1675	2181	30.21%	26.94%
研究院所	144	169	17.36%	26.28%

续表

研发机构类型	2020年	2021年	增长率	占全国同类指标比重
省级及以上重点实验室	90	104	15.56%	19.96%
企业技术中心	582	749	28.69%	26.72%
新型产业技术研发机构	120	166	38.33%	31.38%
博士后科研工作站	164	208	26.83%	31.76%
各类大学	88	102	15.91%	27.79%
国家工程研究中心	30	34	13.33%	26.98%
省级及以上工程技术研究中心	329	454	37.99%	26.47%
国家工程实验室	18	24	33.33%	24.24%
外资研发机构	6	30	400.00%	11.03%
院士工作站	104	141	35.58%	38.42%

4. 服务体系结构优化，创业与投资服务机构同步增长

高端装备制造产业集群中共有各类服务机构2092家。其中，创新服务机构770家，同比增长29.85%，以科技企业孵化器和众创空间为主要类型，数量分别为279家和179家；金融服务机构共有715家，较上年新增136家，同比增长23.49%，以创业风险投资机构为主要类型，数量为282家；其他服务机构主要为知识产权服务机构、人才服务机构和技工学校，数量分别为220家、173家和214家，其中人才服务机构增幅最大，为61.68%（表1-29）。

表1-29　2020—2021年高端装备制造产业集群服务机构构成

单位：家

服务机构类型	2020年	2021年	增长率	占全国同类指标比重
创新服务机构总数	593	770	29.85%	22.10%
科技企业孵化器	242	279	15.29%	24.13%
其中：国家级科技企业孵化器	93	100	7.53%	28.41%
众创空间	119	179	50.42%	17.94%
其中：科技部备案的众创空间	91	99	8.79%	22.92%
生产力促进中心	30	35	16.67%	21.47%
技术转移机构	125	141	12.80%	22.42%
产品检验检测机构	77	136	76.62%	25.28%
其中：具有国家级资质的产品检验检测机构	24	33	37.50%	16.18%
金融服务机构总数	579	715	23.49%	22.78%
创业风险投资机构	240	282	17.50%	20.36%

续表

服务机构类型	2020年	2021年	增长率	占全国同类指标比重
担保公司	122	122	0	28.11%
小额贷款公司	113	128	13.27%	28.83%
科技金融服务机构	104	183	75.96%	20.89%
其他服务机构总数	451	607	34.59%	23.64%
技工学校	184	214	16.30%	53.37%
人才服务机构	107	173	61.68%	18.62%
知识产权服务机构	160	220	37.50%	17.77%

5. 科技投入大幅增加，研发投入强度有待提高

2021年，高端装备制造产业集群研发人员达到23.9万人，占全国集群研发人员总数的18.30%；研发费用支出达到407.86亿元，占全国集群研发费用总支出的12.38%，增长108.21%，较上年大约翻了一番。从研发投入强度来看，较上年提高了0.65个百分点，达到2.20%，但相对于全国集群研发投入平均强度（3.80%），高端装备制造产业集群研发投入强度仍处于较低水平（表1-30）。各高端装备制造产业集群中，珠海智能配电网装备创新型产业集群的研发投入强度排名第一（表1-31）。

表1-30　2020—2021年高端装备制造产业集群科技投入情况

科技投入	2020年	2021年	增长率	占全国同类指标比重
研发人员/人	232 363	239 230	2.96%	18.30%
研发费用支出/亿元	195.89	407.86	108.21%	12.38%
研发投入强度	1.55%	2.20%		

表1-31　2021年高端装备制造产业集群研发投入强度排名前10位的集群名单

序号	集群名称
1	珠海智能配电网装备创新型产业集群
2	东莞机器人智能装备创新型产业集群
3	郑州智能仪器仪表创新型产业集群
4	莱芜高新区智能制造装备创新型产业集群
5	青岛机器人产业集群
6	咸宁智能机电创新型产业集群
7	扬州数控成形机床创新型产业集群
8	温州激光与光电创新型产业集群
9	渭南高新区智能制造装备创新型产业集群
10	徐州高新区安全应急装备创新型产业集群

6.创新成果产出丰硕，欧美日专利显著增长

高端装备制造产业集群内企业创新创造能力显著增强，创新成果产出整体呈上升趋势。从知识产权产出来看，2021年，当年获得授权发明专利5891件，同比增长29.13%；当年获得授权欧美日专利220件，同比增长70.54%；当年获得软件著作权3749件，同比增长65.52%；当年注册商标3466件，同比增长95.93%。从标准产出来看，当年形成国际标准和国家或行业标准数量大幅增加，分别同比增长100.00%和72.53%。从技术合同来看，认定登记的技术合同5201项，同比实现25.45%的增幅，认定登记的技术合同成交金额达到204.22亿元（表1-32）。

表1-32　2020—2021年高端装备制造产业集群科技产出情况

科技产出	2020年	2021年	增长率	占全国同类指标比重
当年申请发明专利/件	14 734	16 849	14.35%	12.92%
其中：国内发明专利/件	13 124	14 901	13.54%	14.45%
当年申请欧美日专利/件	187	256	36.90%	4.21%
当年获得授权发明专利/件	4562	5891	29.13%	9.53%
其中：国内发明专利/件	3917	5067	29.36%	10.28%
当年获得授权欧美日专利/件	129	220	70.54%	5.70%
当年注册商标/件	1769	3466	95.93%	9.09%
当年获得软件著作权/件	2265	3749	65.52%	6.92%
当年获得集成电路布图设计专有权/件	118	96	-18.64%	8.78%
当年形成国际标准/项	12	24	100.00%	10.81%
当年形成国家或行业标准/项	233	402	72.53%	23.17%
当年获得国家科技奖励/项	12	12	0	20.34%
认定登记的技术合同项数/项	4146	5201	25.45%	9.17%
认定登记的技术合同成交金额/亿元	225.80	204.22	-9.56%	11.95%

（三）新材料产业

新材料产业是以材料工业升级换代支撑战略性新兴产业发展的基础性产业，对实现我国材料工业由大变强、构建国际竞争新优势具有重要意义。随着我国"双碳"战略深入实施，新材料产业呈现低碳化、绿色化、智能化发展趋势，成为经济高质量发展的新动能。2021年，全国共拥有新材料产业集群20个，企业总数2697家，人员总数30.83万人，当年实现工业总产值7116.80亿元，营业收入7500.11亿元，净利润480.79亿元，增幅达到70.35%（表1-33）。2021年，各新材料产业集群中，太原不锈钢创新型产业集群营业收入排名居首位（表1-34）。

表 1-33 2020—2021 年新材料产业集群总体发展情况

主要指标	2020 年	2021 年	增长率	占全国同类指标比重
集群企业总数 / 家	2095	2697	28.74%	7.74%
集群人员总数 / 人	266 217	308 277	15.80%	5.73%
工业总产值 / 亿元	5461.10	7116.80	30.32%	10.89%
营业收入 / 亿元	5339.36	7500.11	40.47%	8.64%
出口总额 / 亿元	312.92	465.80	48.85%	3.69%
净利润 / 亿元	282.24	480.79	70.35%	6.36%
实际上缴税费总额 / 亿元	247.16	338.27	36.86%	8.87%
研发费用支出 / 亿元	87.39	151.42	73.27%	4.60%

表 1-34 2021 年新材料产业集群营业收入排名前 10 位的集群名单

序号	集群名称
1	太原不锈钢创新型产业集群
2	江阴特钢新材料创新型产业集群
3	包头稀土高新技术产业开发区稀土新材料创新型产业集群
4	大庆高新区石油化工新材料创新型产业集群
5	宝鸡高新区钛创新型产业集群
6	石河子新材料创新型产业集群
7	滨州高端铝材创新型产业集群
8	上海精细化工创新型产业集群
9	蚌埠新型高分子材料创新型产业集群
10	苏州纳米新材料创新型产业集群

1. 企业规模总量不大，领军企业发展壮大

新材料产业集群中企业规模整体较小，企业总数仅为 2697 家，同比增长 28.74%。其中，高新技术企业、在孵企业等科技型企业快速增长，分别为 717 家和 855 家，增幅达到 29.66% 和 37.24%，在集群企业中的占比逐年提高，分别为 26.59% 和 31.70%。集群内大企业和领军企业不断发展壮大，增幅均超过 20%。其中，营业收入超过 1 亿元小于 10 亿元的大企业新增 63 家，达到 369 家；营业收入超过 10 亿元的领军企业新增 14 家，达到 82 家（表 1-35）。

表1-35　2020—2021年新材料产业集群企业构成

单位：家

企业类型	2020年	2021年	增长率	占全国同类指标比重
集群企业总数	2095	2697	28.74%	7.74%
其中：高新技术企业	553	717	29.66%	4.35%
其中：营业收入超过1亿元小于10亿元的企业	306	369	20.59%	7.16%
营业收入超过10亿元的企业	68	82	20.59%	6.33%
其中：境外控股企业	56	54	-3.57%	2.73%
其中：拥有科技机构的企业	663	754	13.73%	7.39%
其中：上市企业（不含新三板挂牌企业）	64	53	-17.19%	7.14%
新三板挂牌企业	45	45	0	5.84%
其中：在孵企业	623	855	37.24%	8.86%
毕业企业	467	266	-43.04%	5.96%

2. 人员规模保持稳定，高学历人才占比下降

新材料产业集群内从业人员规模保持稳定增长，人员结构有所波动。2021年，集群总人数达到30.83万人，同比增长15.80%。其中，大专及以上学历人员同比增长11.50%，但在集群人员总数中占比为32.03%，低于全国集群平均水平（59.63%）。集群企业中硕士和博士人员有所下降，较上年分别减少188人和22人，高层次人才流失现象值得关注（表1-36）。

表1-36　2020—2021年新材料产业集群企业人员构成

单位：人

从业人员	2020年	2021年	增长率	占全国同类指标比重
集群人员总数	266 217	308 277	15.80%	5.73%
其中：大专及以上学历人员	88 551	98 734	11.50%	3.08%
其中：硕士人员	6119	5931	-3.07%	1.70%
博士人员	1179	1157	-1.87%	3.29%
其中：留学回国人员	820	890	8.54%	2.17%

3. 研发机构稳步增长，国家工程实验室建设提速

新材料产业集群各类研发机构中，除外资研发机构保持上年机构数量外，其他机构均实现不同程度的增长，机构总数达到661家，同比增长23.55%。其中，企业技术中心和省级及以上工程技术研究中心数量居前列，分别为279家和132家；国家工程实验室和院士工作站发展较快，分别同比增长71.43%和78.95%，在全国集群同类指标中增长幅度较大；新型产业技术研发机构为27家，较上年新增6家，同比增长28.57%（表1-37）。

表1-37 2020—2021年新材料产业集群研发机构构成

单位：家

研发机构类型	2020年	2021年	增长率	占全国同类指标比重
研发机构总数	535	661	23.55%	8.16%
研究院所	45	53	17.78%	8.24%
省级及以上重点实验室	33	39	18.18%	7.49%
企业技术中心	233	279	19.74%	9.95%
新型产业技术研发机构	21	27	28.57%	5.10%
博士后科研工作站	29	37	27.59%	5.65%
各类大学	19	23	21.05%	6.27%
国家工程研究中心	21	22	4.76%	17.46%
省级及以上工程技术研究中心	105	132	25.71%	7.70%
国家工程实验室	7	12	71.43%	12.12%
外资研发机构	3	3	0	1.10%
院士工作站	19	34	78.95%	9.26%

4.服务体系建立健全，众创空间实现倍增

新材料产业集群中，创新服务机构、金融服务机构和其他服务机构均实现较大幅度的增长，总量达到636家。其中，创新服务机构总数为252家，较上年新增83家，同比增长49.11%。新增众创空间37家，同比增长超过1倍，在各产业领域集群中增幅最大。小额贷款公司、人才服务机构和知识产权服务机构发展提速，增幅均超过50%，对集群企业的支撑服务作用显著提升（表1-38）。

表1-38 2020—2021年新材料产业集群服务机构构成

单位：家

服务机构类型	2020年	2021年	增长率	占全国同类指标比重
创新服务机构总数	169	252	49.11%	7.23%
科技企业孵化器	64	81	26.56%	7.01%
其中：国家级科技企业孵化器	21	26	23.81%	7.39%
众创空间	25	62	148.00%	6.21%
其中：科技部备案的众创空间	18	28	55.56%	6.48%
生产力促进中心	16	24	50.00%	14.72%
技术转移机构	33	47	42.42%	7.47%
产品检验检测机构	31	38	22.58%	7.06%
其中：具有国家级资质的产品检验检测机构	15	15	0	7.35%

续表

服务机构类型	2020年	2021年	增长率	占全国同类指标比重
金融服务机构总数	150	197	31.33%	6.28%
创业风险投资机构	49	55	12.24%	3.97%
担保公司	35	47	34.29%	10.83%
小额贷款公司	20	35	75.00%	7.88%
科技金融服务机构	46	60	30.43%	6.85%
其他服务机构总数	121	187	54.55%	7.28%
技工学校	29	40	37.93%	9.98%
人才服务机构	30	49	63.33%	5.27%
知识产权服务机构	62	98	58.06%	7.92%

5. 研发投入快速增长，与全国水平仍有差距

在科技投入方面，新材料产业集群中研发人员总数小幅增长，同比增长3.94%；研发费用支出实现较快增长，同比增长73.27%。从研发投入强度来看，新材料产业集群研发投入强度从上年的1.64%增长到2.02%，提高了0.38个百分点。但整体来看，与全国集群研发投入平均强度（3.80%）仍存在较大差距（表1-39）。各新材料产业集群中，研发投入强度排名第一的是临沂电子元器件及其功能材料创新型产业集群（表1-40）。

表1-39　2020—2021年新材料产业集群科技投入情况

科技投入	2020年	2021年	增长率	占全国同类指标比重
研发人员/人	41 083	42 703	3.94%	3.27%
研发费用支出/亿元	87.39	151.42	73.27%	4.60%
研发投入强度	1.64%	2.02%		

表1-40　2021年新材料产业集群研发投入强度排名前10位的集群名单

序号	集群名称
1	临沂电子元器件及其功能材料创新型产业集群
2	乌鲁木齐电子新材料创新型产业集群
3	苏州纳米新材料创新型产业集群
4	安康高新区富硒创新型产业集群
5	清远高性能结构材料创新型产业集群
6	上海精细化工创新型产业集群
7	太原不锈钢创新型产业集群

续表

序号	集群名称
8	邯郸新型功能材料创新型产业集群
9	阜阳界首高新区铝基复合材料创新型产业集群
10	营口高新区生物降解材料及制品创新型产业集群

6. 国家奖励和标准实现突破，发展潜力巨大

在科技产出方面，除当年申请发明专利有所减少外，其他各类产出成果均有不同程度的增长。其中，增幅最大的为当年获得软件著作权，同比增长45.95%；之后为当年获得集成电路布图设计专有权和当年注册商标，增幅分别为38.46%和35.69%。值得一提的是，新材料产业集群实现当年获得国家科技奖励和当年形成国际标准两项零的突破。2021年，新材料产业获得国家科技奖励2项，形成国际标准3项，表明我国新材料产业在国际产业领域的话语权逐步增强（表1-41）。

表1-41 2020—2021年新材料产业集群科技产出情况

科技产出	2020年	2021年	增长率	占全国同类指标比重
当年申请发明专利/件	3569	3431	-3.87%	2.63%
其中：国内发明专利/件	3108	3166	1.87%	3.07%
当年申请欧美日专利/件	85	92	8.24%	1.51%
当年获得授权发明专利/件	1568	1859	18.56%	3.01%
其中：国内发明专利/件	1353	1618	19.59%	3.28%
当年获得授权欧美日专利/件	29	38	31.03%	0.98%
当年注册商标/件	311	422	35.69%	1.11%
当年获得软件著作权/件	346	505	45.95%	0.93%
当年获得集成电路布图设计专有权/件	13	18	38.46%	1.65%
当年形成国际标准/项	0	3		1.35%
当年形成国家或行业标准/项	141	148	4.96%	8.53%
当年获得国家科技奖励/项	0	2		3.39%
认定登记的技术合同项数/项	720	759	5.42%	1.34%
认定登记的技术合同成交金额/亿元	28.60	30.37	6.17%	1.78%

（四）生物产业

生物产业是加强国家生物安全风险防控的重要保障，是战略性新兴产业中新的增长极。2021年，全国共有生物产业集群31个。根据对上报有效数据的30家集群的统计，集群企业总数为5897家，从业人员78.93万人，当年实现工业总产值9581.15亿元，同比增长23.72%；营业收入1.08万亿元，

同比增长 23.95%；净利润 1173.69 亿元，大幅增长 47.70%，高于全国平均盈利水平（表 1-42）。2021 年，各生物产业集群中，泰州生物医药创新型产业集群营业收入排名居首位（表 1-43）。

表 1-42　2020—2021 年生物产业集群总体发展情况

主要指标	2020 年	2021 年	增长率	占全国同类指标比重
集群企业总数 / 家	4841	5897	21.81%	16.92%
集群人员总数 / 人	658 535	789 271	19.85%	14.67%
工业总产值 / 亿元	7744.07	9581.15	23.72%	14.66%
营业收入 / 亿元	8699.55	10 783.27	23.95%	12.42%
出口总额 / 亿元	726.63	982.43	35.20%	7.77%
净利润 / 亿元	794.67	1173.69	47.70%	15.53%
实际上缴税费总额 / 亿元	531.54	623.97	17.39%	16.35%
研发费用支出 / 亿元	142.08	255.23	79.64%	7.75%

表 1-43　2021 年生物产业集群营业收入排名前 10 位的集群名单

序号	集群名称
1	泰州生物医药创新型产业集群
2	广州个体化医疗与生物医药创新型产业集群
3	威海高新区高端医疗器械创新型产业集群
4	石家庄药用辅料创新型产业集群
5	中山健康科技创新型产业集群
6	济南高新区生物制品创新型产业集群
7	天津市细胞产业创新型产业集群
8	珠海三灶生物医药创新型产业集群
9	昆明市生物医药创新型产业集群
10	厦门海洋与生命科学创新型产业集群

1. 企业规模持续增长，领军企业发展壮大

生物产业集群各类企业中，除新三板挂牌企业有所减少外，其他各类企业数量均有不同程度的增长。其中，高新技术企业占比最大，为 2243 家，新增 580 家，占生物产业集群企业总数的 38.04%；在孵企业数量居第 2 位，为 2129 家，占生物产业集群企业总数的 36.10%。从企业发展效益来看，营业收入超过 1 亿元小于 10 亿元的大企业达到 749 家，同比增长 14.00%；营业收入超过 10 亿元的领军企业表现突出，数量从上年的 134 家增长到 178 家，新增 44 家（表 1-44）。

表1-44　2020—2021年生物产业集群企业构成

单位：家

企业类型	2020年	2021年	增长率	占全国同类指标比重
集群企业总数	4841	5897	21.81%	16.92%
其中：高新技术企业	1663	2243	34.88%	13.62%
其中：营业收入超过1亿元小于10亿元的企业	657	749	14.00%	14.52%
营业收入超过10亿元的企业	134	178	32.84%	13.75%
其中：境外控股企业	314	376	19.75%	19.00%
其中：拥有科技机构的企业	1261	1683	33.47%	16.49%
其中：上市企业（不含新三板挂牌企业）	126	132	4.76%	17.79%
新三板挂牌企业	138	114	−17.39%	14.81%
其中：在孵企业	1950	2129	9.18%	22.06%
毕业企业	776	1077	38.79%	24.13%

2. 从业人员持续增长，人才结构有所波动

2021年，生物产业集群从业人员保持稳定增长，人员总数增长到78.93万人，同比增长19.85%，大专及以上学历人员占比为55.22%，略低于全国平均水平。其中，硕士人员同比增长35.51%，增幅居各产业领域集群之首；博士人员和留学回国人员数量均有所减少，降幅分别为18.26%和40.09%，高层次人才流失的现象值得关注（表1-45）。

表1-45　2020—2021年生物产业集群企业人员构成

单位：人

从业人员	2020年	2021年	增长率	占全国同类指标比重
集群人员总数	658 535	789 271	19.85%	14.67%
其中：大专及以上学历人员	401 310	435 799	8.59%	13.59%
其中：硕士人员	44 377	60 137	35.51%	17.26%
博士人员	9676	7909	−18.26%	22.48%
其中：留学回国人员	9126	5467	−40.09%	13.31%

3. 研发机构快速发展，企业技术中心居首位

生物产业集群中各类研发机构均实现较快增长，总数达到1511家，比上年新增412家，同比增长37.49%。其中，企业技术中心和省级及以上工程技术研究中心为生物产业集群的主要研发力量，数量分别为373家和353家，分居第1位和第2位；博士后科研工作站增幅居各类研发机构首位，增长105.26%；新型产业技术研发机构和省级及以上重点实验室取得较快发展，分别同比增长86.54%和83.33%（表1-46）。

表 1-46 2020—2021 年生物产业集群研发机构构成

单位：家

研发机构类型	2020 年	2021 年	增长率	占全国同类指标比重
研发机构总数	1099	1511	37.49%	18.66%
研究院所	84	92	9.52%	14.31%
省级及以上重点实验室	102	187	83.33%	35.89%
企业技术中心	270	373	38.15%	13.31%
新型产业技术研发机构	52	97	86.54%	18.34%
博士后科研工作站	57	117	105.26%	17.86%
各类大学	111	128	15.32%	34.88%
国家工程研究中心	22	24	9.09%	19.05%
省级及以上工程技术研究中心	288	353	22.57%	20.58%
国家工程实验室	17	22	29.41%	22.22%
外资研发机构	30	44	46.67%	16.18%
院士工作站	66	74	12.12%	20.16%

4. 服务体系发展壮大，知识产权机构强力支撑

生物产业集群各类服务机构逐步健全，总量快速增长，2021 年达到 2077 家，新增 605 家。其中，人才服务机构和知识产权服务机构显著增长，增幅分别为 87.59% 和 88.02%；具有国家级资质的产品检验检测机构同比增长 65.22%，占全国各产业领域集群同类指标的 37.25%；小额贷款公司发展较快，同比增长 94.12%；科技企业孵化器和众创空间实现快速发展，分别新增 56 家和 28 家，但科技部备案的众创空间数量低于预期，较上年减少 2 家（表 1-47）。

表 1-47 2020—2021 年生物产业集群服务机构构成

单位：家

服务机构类型	2020 年	2021 年	增长率	占全国同类指标比重
创新服务机构总数	536	729	36.01%	20.92%
科技企业孵化器	159	215	35.22%	18.60%
其中：国家级科技企业孵化器	72	79	9.72%	22.44%
众创空间	139	167	20.14%	16.73%
其中：科技部备案的众创空间	77	75	-2.60%	17.36%
生产力促进中心	32	46	43.75%	28.22%
产品检验检测机构	111	148	33.33%	27.51%
其中：具有国家级资质的产品检验检测机构	46	76	65.22%	37.25%

续表

服务机构类型	2020年	2021年	增长率	占全国同类指标比重
金融服务机构总数	578	719	24.39%	22.91%
创业风险投资机构	308	354	14.94%	25.56%
担保公司	71	102	43.66%	23.50%
小额贷款公司	51	99	94.12%	22.30%
科技金融服务机构	148	164	10.81%	18.72%
其他服务机构总数	358	629	75.70%	24.49%
技工学校	54	58	7.41%	14.46%
人才服务机构	137	257	87.59%	27.66%
知识产权服务机构	167	314	88.02%	25.36%

5. 科技投入持续加大，研发投入强度有所提高

在科技投入方面，生物产业集群研发费用支出逐年大幅增长，增幅达到近80%；研发人员相对稳定，总量基本保持不变。生物产业集群研发投入强度提升较快，由上年的1.63%提高到2.37%，提高了0.74个百分点，但仍低于全国集群研发投入强度平均水平（表1-48）。2021年，各生物产业集群中，研发投入强度排名第一的是玉溪高新区生物医药创新型产业集群（表1-49）。

表1-48　2020—2021年生物产业集群科技投入情况

科技投入	2020年	2021年	增长率	占全国同类指标比重
研发人员合计/人	142 542	144 116	1.10%	11.02%
研发费用支出/亿元	142.08	255.23	79.64%	7.75%
研发投入强度	1.63%	2.37%		

表1-49　2021年生物产业研发投入强度排名前10位的集群名单

序号	集群名称
1	玉溪高新区生物医药创新型产业集群
2	昆山小核酸创新型产业集群
3	成都高新区医药健康创新型产业集群
4	烟台海洋生物与医药创新型产业集群
5	厦门海洋与生命科学创新型产业集群
6	苏州高新区医疗器械创新型产业集群
7	新乡高新区生物医药创新型产业集群
8	通化医药创新型产业集群

续表

序号	集群名称
9	淄博高新区生物医药与生物医学工程创新型产业集群
10	泰达高端医疗器械创新型产业集群

6. 国际标准实现倍增，行业领导地位逐步形成

在科技产出方面，生物产业集群抢占行业制高点和话语权的趋势明显，当年形成国际标准130项，居全国各产业领域集群同类指标第1位；申请国际专利数量持续增长，当年申请欧美日专利682件，同比增长72.66%；当年获得授权发明专利稳步提升，达到3565件，同比增长19.11%；当年形成国家或行业标准同步增长，为189项，行业领导地位正在逐步形成（表1-50）。

表1-50　2020—2021年生物产业集群科技产出情况

科技产出	2020年	2021年	增长率	占全国同类指标比重
当年申请发明专利/件	9720	9445	-2.83%	7.24%
其中：国内发明专利/件	8431	7979	-5.36%	7.74%
当年申请欧美日专利/件	395	682	72.66%	11.21%
当年获得授权发明专利/件	2993	3565	19.11%	5.77%
其中：国内发明专利/件	2473	2851	15.29%	5.78%
当年获得授权欧美日专利/件	217	221	1.84%	5.72%
当年注册商标/件	4437	6075	36.92%	15.93%
当年获得软件著作权/件	1764	1859	5.39%	3.43%
当年获得集成电路布图设计专有权/件	21	11	-47.62%	1.01%
当年形成国际标准/项	6	130	2066.67%	58.56%
当年形成国家或行业标准/项	153	189	23.53%	10.89%
当年获得国家科技奖励/项	22	9	-59.09%	15.25%
认定登记的技术合同项数/项	2656	3392	27.71%	5.98%
认定登记的技术合同成交金额/亿元	190.44	88.71	-53.42%	5.19%

（五）新能源汽车产业

新能源汽车产业是我国应对气候变化、推动绿色发展的战略性新兴产业之一。伴随着新能源汽车电动化、网联化、智能化发展的新趋势，新能源汽车产业集群正在成为我国汽车产业转型发展的新高地。2021年，全国共有新能源汽车产业集群8个，拥有企业1043家，从业人员27.27万人，当年实现工业总产值5276.03亿元，营业收入5161.09亿元，净利润249.80亿元。新能源汽车企业在人员规模迅速扩大的同时，各项经济指标均实现快速增长，企业效益大幅提升（表1-51）。2021年，各新

能源汽车产业集群中，柳州汽车整车及关键零部件创新型产业集群营业收入排名居首位（表1-52）。

表1-51　2020—2021年新能源汽车产业集群总体发展情况

主要指标	2020年	2021年	增长率	占全国同类指标比重
集群企业总数／家	673	1043	54.98%	2.99%
集群人员总数／人	198430	272740	37.45%	5.07%
工业总产值／亿元	3592.20	5276.03	46.87%	8.07%
营业收入／亿元	3460.56	5161.09	49.14%	5.95%
出口总额／亿元	195.18	389.86	99.74%	3.08%
净利润／亿元	162.77	249.80	53.47%	3.31%
实际上缴税费总额／亿元	114.46	139.95	22.27%	3.67%
研发费用支出／亿元	101.88	124.70	22.40%	3.78%

表1-52　2021年新能源汽车产业集群营业收入排名前5位的集群名单

序号	集群名称
1	柳州汽车整车及关键零部件创新型产业集群
2	芜湖新能源汽车创新型产业集群
3	常熟新能源汽车核心零部件创新型产业集群
4	肇庆高新区智能网联新能源汽车创新型产业集群
5	璧山新能源汽车关键零部件绿色智能制造创新型产业集群

1. 企业规模迅速扩大，高企占比超过六成

新能源汽车产业集群中企业总数为1043家，较上年增加370家，同比增长54.98%。其中，高新技术企业686家，占新能源汽车产业集群企业总数的65.77%，新增182家，同比增长36.11%；营业收入1亿元以上10亿元以下和10亿元以上的企业分别占新能源汽车产业集群企业总数的34.99%和6.81%，占比均居全国各产业领域集群首位；新能源汽车产业境外控股企业实现快速增长，新增98家（表1-53）。

表1-53　2020—2021年新能源汽车产业集群企业构成

单位：家

企业类型	2020年	2021年	增长率	占全国同类指标比重
集群企业总数	673	1043	54.98%	2.99%
其中：高新技术企业	504	686	36.11%	4.17%
其中：营业收入超过1亿元小于10亿元的企业	291	365	25.43%	7.08%
营业收入超过10亿元的企业	41	71	73.17%	5.48%

续表

企业类型	2020年	2021年	增长率	占全国同类指标比重
其中：境外控股企业	28	126	350.00%	6.37%
其中：拥有科技机构的企业	539	730	35.44%	7.15%
其中：上市企业（不含新三板挂牌企业）	49	50	2.04%	6.74%
新三板挂牌企业	31	32	3.23%	4.16%
其中：在孵企业	188	494	162.77%	5.12%
毕业企业	218	153	-29.82%	3.43%

2. 从业人员快速增长，人才结构有待优化

2021年，新能源汽车产业集群从业人员快速增长，达到27.27万人，同比增长37.45%，增幅在全国各产业领域集群中保持领先。各类从业人员中，大专及以上学历人员为11.85万人，同比增长26.61%，但占比略低于全国平均水平；留学回国人员1031人，新增115人（表1-54）。

表1-54　2020—2021年新能源汽车产业集群企业人员构成

单位：人

从业人员	2020年	2021年	增长率	占全国同类指标比重
集群人员总数	198 430	272 740	37.45%	5.07%
其中：大专及以上学历人员	93 611	118 522	26.61%	3.69%
其中：硕士人员	4900	5019	2.43%	1.44%
博士人员	564	629	11.52%	1.79%
其中：留学回国人员	916	1031	12.55%	2.51%

3. 研发机构大幅增加，外资机构实现翻番

新能源汽车产业集群共拥有研发机构471家，比上年新增150家，同比增长46.73%。其中，新型产业技术研发机构和省级及以上工程技术研究中心实现快速增长，分别新增23家和45家；新能源汽车产业集群引进外资研发机构明显增加，从上年的2家增加到16家，体现出新能源汽车产业集群对外资研发机构具有强大的吸引力，集群内企业与研发机构高效协同，产业链创新链加速融合，产业生态日趋完善（表1-55）。

表1-55　2020—2021年新能源汽车产业集群研发机构情况

单位：家

研发机构	2020年	2021年	增长率	占全国同类指标比重
研发机构总数	321	471	46.73%	5.82%
研究院所	30	43	43.33%	6.69%

续表

研发机构	2020年	2021年	增长率	占全国同类指标比重
省级及以上重点实验室	11	12	9.09%	2.30%
企业技术中心	168	200	19.05%	7.14%
新型产业技术研发机构	11	34	209.09%	6.43%
博士后科研工作站	24	46	91.67%	7.02%
各类大学	14	18	28.57%	4.90%
国家工程研究中心	2	2	0	1.59%
省级及以上工程技术研究中心	36	81	125.00%	4.72%
国家工程实验室	4	1	−75.00%	1.01%
外资研发机构	2	16	700.00%	5.88%
院士工作站	19	18	−5.26%	4.90%

4. 服务机构倍增发展，人才与金融强力支撑

新能源汽车产业集群中服务机构总量虽低于其他产业领域集群，但从发展趋势上来看，创业孵化机构、金融服务机构、人才服务机构、知识产权服务机构等科技创新服务体系中的关键载体实现倍增式发展。创新服务机构总数为133家，比上年增加26家，同比增长24.30%。其中，科技部备案的众创空间11家，技术转移机构26家，同比分别增长120%和136.36%；金融服务机构和其他服务机构在各产业中处于领先水平，同比分别增长140.74%和185.00%。其中，创业风险投资机构和人才服务机构发展较快，比上年分别增加55家和63家（表1-56）。

表1-56　2020—2021年新能源汽车产业集群服务机构构成

单位：家

服务机构类型	2020年	2021年	增长率	占全国同类指标比重
创新服务机构总数	107	133	24.30%	3.82%
科技企业孵化器	40	43	7.50%	3.72%
其中：国家级科技企业孵化器	9	12	33.33%	3.41%
众创空间	22	27	22.73%	2.71%
其中：科技部备案的众创空间	5	11	120.00%	2.55%
生产力促进中心	10	10	0	6.13%
技术转移机构	11	26	136.36%	4.13%
产品检验检测机构	24	27	12.50%	5.02%
其中：具有国家级资质的产品检验检测机构	5	7	40.00%	3.43%
金融服务机构总数	54	130	140.74%	4.14%

续表

服务机构类型	2020年	2021年	增长率	占全国同类指标比重
创业风险投资机构	14	69	392.86%	4.98%
担保公司	14	21	50.00%	4.84%
小额贷款公司	13	14	7.69%	3.15%
科技金融服务机构	13	26	100.00%	2.97%
其他服务机构总数	60	171	185.00%	6.66%
技工学校	10	13	30.00%	3.24%
人才服务机构	15	78	420.00%	8.40%
知识产权服务机构	35	80	128.57%	6.46%

5. 科研投入持续加大，研发投入低于预期

在科技投入方面，新能源汽车产业集群内企业研发人员和研发费用支出均有所提升，同比分别增长30.38%和22.40%。从研发投入强度来看，新能源汽车产业集群企业营业收入持续攀升，而研发投入强度有所下降，从上年的2.94%下降到2.42%，降低了0.52个百分点（表1-57）。2021年，各新能源汽车产业集群中，研发投入强度排名第一的是上海新能源汽车及关键零部件创新型产业集群（表1-58）。

表1-57　2020—2021年新能源汽车产业集群科技投入情况

科技投入	2020年	2021年	增长率	占全国同类指标比重
研发人员合计/人	31 303	40 813	30.38%	3.12%
研发费用支出/亿元	101.88	124.70	22.40%	3.78%
研发投入强度	2.94%	2.42%		

表1-58　2021年新能源汽车产业研发投入强度排名前5位的集群名单

序号	集群名称
1	上海新能源汽车及关键零部件创新型产业集群
2	肇庆高新区智能网联新能源汽车创新型产业集群
3	柳州汽车整车及关键零部件创新型产业集群
4	常熟新能源汽车核心零部件创新型产业集群
5	新余动力电池创新型产业集群

6. 欧美日专利增长显著，行业标准加速形成

在科技产出方面，新能源汽车产业集群通过制定行业标准、申请知识产权，为我国新能源汽车产业在国际市场竞争中处于领先优势提供了重要保障。2021年，当年申请欧美日专利较上年增长4.3倍，

在各产业领域集群中增幅居首位;当年获得授权发明专利1267件,同比增长19.75%;当年形成国家或行业标准56项,同比增长33.33%;当年注册商标1426件,同比增长78.92%(表1-59)。

表1-59 2020—2021年新能源汽车产业集群科技产出情况

科技产出	2020年	2021年	增长率	占全国同类指标比重
当年申请发明专利/件	7470	8531	14.20%	6.54%
其中:国内发明专利/件	7336	8447	15.14%	8.19%
当年申请欧美日专利/件	30	159	430.00%	2.61%
当年获得授权发明专利/件	1102	1276	15.79%	2.06%
其中:国内发明专利/件	1058	1267	19.75%	2.57%
当年获得授权欧美日专利/件	19	17	-10.53%	0.44%
当年注册商标/件	797	1426	78.92%	3.74%
当年获得软件著作权/件	584	700	19.86%	1.29%
当年获得集成电路布图设计专有权/件	6	8	33.33%	0.73%
当年形成国际标准/项	4	2	-50.00%	0.90%
当年形成国家或行业标准/项	42	56	33.33%	3.23%
当年获得国家科技奖励/项	3	2	-33.33%	3.39%
认定登记的技术合同项数/项	350	395	12.86%	0.70%
认定登记的技术合同成交金额/亿元	32.71	45.78	39.94%	2.68%

(六)新能源产业

新能源产业是保障国家能源安全,实现碳达峰、碳中和的内在要求,是加快建设能源强国的重要支撑。新能源产业集群着力提升产业链现代化水平,保障产业链供应链安全稳定,集群发展取得显著成效,各项经济指标表现较好。2021年,全国共有新能源产业集群9个,主要集中在智能电网、风能、太阳能等细分领域,拥有企业1232家,人员总数22.85万人,当年实现工业总产值3589.86亿元,营业收入和净利润均取得大幅增长,同比分别增长31.03%和43.73%,达到4187.36亿元和402.08亿元(表1-60)。2021年,各新能源产业集群中,江宁智能电网创新型产业集群营业收入排名居首位(表1-61)。

表1-60 2020—2021年新能源产业集群总体发展情况

主要指标	2020年	2021年	增长率	占全国同类指标比重
集群企业总数/家	987	1232	24.82%	3.53%
集群人员总数/人	196 956	228 493	16.01%	4.25%
工业总产值/亿元	2801.41	3589.86	28.14%	5.49%

续表

主要指标	2020年	2021年	增长率	占全国同类指标比重
营业收入/亿元	3195.73	4187.36	31.03%	4.82%
出口总额/亿元	343.06	424.84	23.84%	3.36%
净利润/亿元	279.75	402.08	43.73%	5.32%
实际上缴税费总额/亿元	308.33	343.79	11.50%	9.01%
研发费用支出/亿元	38.53	88.51	129.69%	2.69%

表1-61 2021年新能源产业集群营业收入排名前5位的集群名单

序号	集群名称
1	江宁智能电网创新型产业集群
2	保定新能源与智能电网装备创新型产业集群
3	济南智能输配电创新型产业集群
4	天津高新区新能源创新型产业集群
5	常州光伏创新型产业集群

1. 高成长企业占比较高，高企占比接近六成

2021年，新能源产业集群企业总数为1232家，较上年新增245家，同比增长24.82%。其中，高新技术企业占比达到59.17%，同比增长20.50%；营业收入10亿元以上的企业占比为8.12%，在全国各产业领域集群中位列第一；集群内在孵企业数量明显增长，增幅达到26.63%；拥有科技机构的企业为282家，较上年新增66家，同比增长30.56%（表1-62）。

表1-62 2020—2021年新能源产业集群企业构成

单位：家

企业类型	2020年	2021年	增长率	占全国同类指标比重
集群企业总数	987	1232	24.82%	3.53%
其中：高新技术企业	605	729	20.50%	4.43%
其中：营业收入超过1亿元小于10亿元的企业	255	243	-4.71%	4.71%
营业收入超过10亿元的企业	82	100	21.95%	7.72%
其中：境外控股企业	79	79	0	3.99%
其中：拥有科技机构的企业	216	282	30.56%	2.76%
其中：上市企业（不含新三板挂牌企业）	40	39	-2.50%	5.26%
新三板挂牌企业	42	46	9.52%	5.97%
其中：在孵企业	353	447	26.63%	4.63%
毕业企业	184	209	13.59%	4.68%

2. 人员总量持续增长，高层次人才占比偏低

2021年，新能源产业集群从业人员总数为22.85万人，同比增长16.01%。大专及以上学历人员占比为59.41%，与全国平均水平基本持平。其中，硕士、博士高层次人才数量均有所增长，博士人员增幅较大，为13.69%。但总体来看，硕士、博士高层次人才占集群从业人员总数的比例仍然偏低，合计仅占4.90%。从留学回国人员数量来看，2021年较上年有所减少，表明留学回国人员流动性较大，显现人才流失的趋势（表1-63）。

表1-63　2020—2021年新能源产业集群企业人员构成

单位：人

从业人员	2020年	2021年	增长率	占全国同类指标比重
集群人员总数	196 956	228 493	16.01%	3.53%
其中：大专及以上学历人员	120 301	135 746	12.84%	4.43%
其中：硕士人员	10 289	10 399	1.07%	4.71%
博士人员	701	797	13.69%	7.72%
其中：留学回国人员	394	388	-1.52%	3.99%

3. 新型研发机构快速增加，研发机构总量仍然偏低

2021年，新能源产业集群的研发机构总数为212家，比上年增加了49家，同比增长30.06%。其中，省级及以上工程技术研究中心、国家工程实验室、外资研发机构数量保持不变；新型产业技术研发机构发展较快，新增7家，较上年增长7倍；研究院所新增11家，较上年增长超过3.5倍；各类大学较上年新增10家，较上年增长2倍（表1-64）。

表1-64　2020—2021年新能源产业集群研发机构构成

单位：家

研发机构类型	2020年	2021年	增长率	占全国同类指标比重
研发机构总数	163	212	30.06%	2.62%
研究院所	3	14	366.67%	2.18%
省级及以上重点实验室	12	16	33.33%	3.07%
企业技术中心	63	76	20.63%	2.71%
新型产业技术研发机构	1	8	700.00%	1.51%
博士后科研工作站	12	14	16.67%	2.14%
各类大学	5	15	200.00%	4.09%
国家工程研究中心	6	7	16.67%	5.56%
省级及以上工程技术研究中心	42	42	0	2.45%
国家工程实验室	4	4	0	4.04%

续表

研发机构类型	2020年	2021年	增长率	占全国同类指标比重
外资研发机构	2	2	0	0.74%
院士工作站	13	14	7.69%	3.81%

4. 服务机构稳定增长，创业投资发展迅速

新能源产业集群中各类服务机构快速发展，创新服务机构和其他服务机构总数均实现40%以上的增长，金融服务机构总数增幅超过35%。创新服务机构中，国家级科技企业孵化器和产品检验检测机构发展较快，同比分别增长42.86%和166.67%，增速领先于其他各产业领域集群。金融服务机构中，创业风险投资机构较上年新增24家，总数是上年的5倍。其他服务机构中，知识产权服务机构同比增长93.33%，人才服务机构有所减少（表1-65）。

表1-65　2020—2021年新能源产业集群服务机构构成

单位：家

服务机构类型	2020年	2021年	增长率	占全国同类指标比重
创新服务机构总数	82	122	48.78%	3.50%
科技企业孵化器	28	39	39.29%	3.37%
其中：国家级科技企业孵化器	7	10	42.86%	2.84%
众创空间	40	54	35.00%	5.41%
其中：科技部备案的众创空间	17	20	17.65%	4.63%
生产力促进中心	1	4	300.00%	2.45%
技术转移机构	10	17	70.00%	2.70%
产品检验检测机构	3	8	166.67%	1.49%
其中：具有国家级资质的产品检验检测机构	2	3	50.00%	1.47%
金融服务机构总数	52	71	36.54%	2.26%
创业风险投资机构	6	30	400.00%	2.17%
担保公司	9	13	44.44%	3.00%
小额贷款公司	14	16	14.29%	3.60%
科技金融服务机构	23	12	-47.83%	1.37%
其他服务机构总数	32	45	40.63%	1.75%
技工学校	4	7	75.00%	1.75%
人才服务机构	13	9	-30.77%	0.97%
知识产权服务机构	15	29	93.33%	2.34%

5. 研发费用翻番，研发强度仍有待提高

在科技投入方面，新能源产业集群研发费用支出较上年大约翻了一番，达到88.51亿元，同比增长129.72%。研发投入强度由上年的1.21%增长到2.11%，提高了0.9个百分点。但整体来看，新能源产业集群研发投入强度仍然低于全国集群研发投入强度平均水平（表1-66）。2021年，各新能源产业集群中，研发投入强度排名第一的是枣庄锂电创新型产业集群（表1-67）。

表1-66　2020—2021年新能源产业集群科技投入情况

科技投入	2020年	2021年	增长率	占全国同类指标比重
研发人员合计/人	66 989	69 505	3.76%	5.32%
研发费用支出/亿元	38.53	88.51	129.72%	2.69%
研发投入强度	1.21%	2.11%		

表1-67　2021年新能源产业研发投入强度排名前5位的集群名单

序号	集群名称
1	枣庄锂电创新型产业集群
2	常州光伏创新型产业集群
3	天津高新区新能源创新型产业集群
4	江宁智能电网创新型产业集群
5	湘潭风能产业创新型产业集群

6. 专利数量显著提升，欧美日专利大幅增长

在科技产出方面，新能源产业集群当年申请发明专利居各产业领域集群首位，为6604件，同比增长67.06%；其次为当年获得软件著作权，为4788件，同比增长10.40%。当年申请欧美日专利、当年获得授权欧美日专利实现快速增长，增幅分别为228.13%和137.04%，均领先于其他产业领域集群。当年登记的技术合同项数和技术合同成交金额同步增长，成交金额为17.84亿元，同比增长170.30%。当年注册商标和当年获得集成电路布图设计专有权较上年有所减少（表1-68）。

表1-68　新能源产业集群科技产出情况

科技产出	2020年	2021年	增长率	占全国同类指标比重
当年申请发明专利/件	3953	6604	67.06%	5.06%
其中：国内发明专利/件	3606	4613	27.93%	4.47%
当年申请欧美日专利/件	96	315	228.13%	5.18%
当年获得授权发明专利/件	1171	2089	78.39%	3.38%
其中：国内发明专利/件	1048	1386	32.25%	2.81%
当年获得授权欧美日专利/件	54	128	137.04%	3.31%

续表

科技产出	2020年	2021年	增长率	占全国同类指标比重
当年注册商标/件	517	498	-3.68%	1.31%
拥有软件著作权/件	4337	4788	10.40%	1.69%
当年获得软件著作权/件	648	667	2.93%	1.23%
当年获得集成电路布图设计专有权/件	9	5	-44.44%	0.46%
当年形成国际标准/项	4	7	75.00%	3.15%
当年形成国家或行业标准/项	83	107	28.92%	6.17%
当年获得国家科技奖励/项	6	1	-83.33%	1.69%
认定登记的技术合同项数/项	572	688	20.28%	1.21%
认定登记的技术合同成交金额/亿元	6.60	17.84	170.30%	1.04%

（七）节能环保产业

节能环保产业是培育发展新动能、提升绿色竞争力的支柱产业，是补齐资源环境短板、改善生态环境质量的重要支撑。2021年，全国节能环保产业集群共有5个，相较于其他产业领域集群规模较小，企业规模和人员规模保持稳定，服务体系和研发体系建设相对滞后，企业创新能力仍显不足。但从各项经济指标来看，集群实现工业总产值1333.92亿元，营业收入1108.20亿元，净利润增长将近1倍，上缴税费总额也较上年增长108.80%，出口创汇和盈利能力增长明显（表1-69）。

表1-69　2020—2021年节能环保产业集群总体发展情况

主要指标	2020年	2021年	增长率	占全国同类指标比重
集群企业总数/家	966	969	0.31%	2.78%
集群人员总数/人	76 269	76 288	0.02%	1.42%
工业总产值/亿元	1181.14	1333.92	12.93%	2.04%
营业收入/亿元	988.06	1108.20	12.16%	1.28%
出口总额/亿元	84.31	84.79	0.57%	0.67%
净利润/亿元	68.61	135.10	96.91%	1.79%
实际上缴税费总额/亿元	48.62	101.52	108.80%	2.66%
研发费用支出/亿元	9.91	10.94	10.40%	0.33%

1. 企业规模保持稳定，整体规模仍然偏低

节能环保产业集群企业总量整体偏低，企业规模保持稳定，与上年基本持平。其中，高新技术企业244家，占比为25.18%；在孵企业215家，占比为22.19%。从大企业的规模来看，营业收入1亿元以上10亿元以下和10亿元以上的大企业数量较上年有所下降，分别减少了10家和1家，表明节

能环保企业发展后劲不足，可持续发展能力有待提升（表1-70）。

表1-70 2020—2021年节能环保产业集群企业构成

单位：家

企业类型	2020年	2021年	增长率	占全国同类指标比重
集群企业总数	966	969	0.31%	2.78%
其中：高新技术企业	236	244	3.39%	1.48%
其中：营业收入超过1亿元小于10亿元的企业	97	87	−10.31%	1.69%
营业收入超过10亿元的企业	26	25	−3.85%	1.93%
其中：境外控股企业	16	16	0	0.81%
其中：拥有科技机构的企业	653	655	0.31%	6.42%
其中：上市企业（不含新三板挂牌企业）	25	25	0	3.37%
新三板挂牌企业	21	21	0	2.73%
其中：在孵企业	219	215	−1.83%	2.23%
毕业企业	140	142	1.43%	3.18%

2. 人员结构仍需优化，招引力度亟须加强

节能环保产业集群人员总数与上年基本持平，为76 288人。从人员结构来看，大专及以上学历人员占集群人员总数的59.92%，基本保持在全国平均水平。其中，硕士、博士人员总数与上年变化不大，博士人员小幅增长，同比增长0.64%；硕士人员有小幅波动。留学回国人员落地集群的数量有所减少。数据表明，节能环节产业集群对高层次人才培养和留学回国人员引进的力度应持续加大（表1-71）。

表1-71 2020—2021年节能环保产业集群企业人员构成

单位：人

从业人员	2020年	2021年	增长率	占全国同类指标比重
集群人员总数	76 269	76 288	0.02%	1.42%
其中：大专及以上学历人员	45 717	45 715	0.00%	1.43%
其中：硕士人员	3768	3752	−0.42%	1.08%
博士人员	780	785	0.64%	2.23%
其中：留学回国人员	315	304	−3.49%	0.74%

3. 研发机构力量薄弱，创新体系尚需完善

节能环保产业集群中省级及以上工程技术研究中心相对较多，为51家，占研发机构总数的比重

超过一半；新型产业技术研发机构和院士工作站较上年分别新增1家，均达到6家。省级及以上重点实验室、国家工程研究中心和省级及以上工程技术研究中心较上年均有不同程度的下降。整体来看，节能环保产业集群创新体系建设仍然滞后，对节能环保企业的创新支持能力仍显不足（表1-72）。

表1-72 2020—2021年节能环保产业集群研发机构构成

单位：家

研发机构类型	2020年	2021年	增长率	占全国同类指标比重
研发机构总数	101	100	-0.99%	1.24%
研究院所	9	9	0	1.40%
省级及以上重点实验室	5	4	-20.00%	0.77%
企业技术中心	12	12	0	0.43%
新型产业技术研发机构	5	6	20.00%	1.13%
博士后科研工作站	8	8	0	1.22%
各类大学	2	2	0	0.54%
国家工程研究中心	2	1	-50.00%	0.79%
省级及以上工程技术研究中心	52	51	-1.92%	2.97%
国家工程实验室	0	0	0	0
外资研发机构	1	1	0	0.37%
院士工作站	5	6	20.00%	1.63%

4. 服务体系结构变化不大，建设力度仍需加大

节能环保产业集群服务体系构成保持稳定，各类服务机构数量稳定在上年水平。创新服务机构中，科技企业孵化器和众创空间占比较高，分别为15家和19家；金融服务机构以创业风险投资公司和小额贷款公司为主，合计占比超过半数；知识产权服务机构较上年新增1家（表1-73）。整体来看，节能环保产业集群服务机构数量不多，发展较为缓慢，支撑产业高质量、可持续发展的创新创业、技术转移、科技金融、知识产权等服务机构建设力度需进一步加大。

表1-73 2020—2021年节能环保产业集群服务机构情况

单位：家

服务机构类型	2020年	2021年	增长率	占全国同类指标比重
创新服务机构总数	47	47	0	1.35%
科技企业孵化器	15	15	0	1.30%
其中：国家级科技企业孵化器	8	8	0	2.27%
众创空间	19	19	0	1.90%
其中：科技部备案的众创空间	5	5	0	1.16%

续表

服务机构类型	2020年	2021年	增长率	占全国同类指标比重
生产力促进中心	3	3	0	1.84%
技术转移机构	4	4	0	0.64%
产品检验检测机构	6	6	0	1.12%
其中：具有国家级资质的产品检验检测机构	2	2	0	0.98%
金融服务机构总数	23	23	0	0.73%
创业风险投资机构	6	6	0	0.43%
担保公司	4	4	0	0.92%
小额贷款公司	6	6	0	1.35%
科技金融服务机构	7	7	0	0.80%
其他服务机构总数	14	15	7.14%	0.58%
技工学校	2	2	0	0.50%
人才服务机构	3	3	0	0.32%
知识产权服务机构	9	10	11.11%	0.81%

5. 研发经费明显不足，投入强度有待提升

在科技投入方面，节能环保产业集群研发人员小幅增长，达到15 718人；研发费用支出超过10亿元，同比增长10.39%。从研发投入强度来看，节能环保产业集群研发投入强度为0.99%，较上年下降了0.01个百分点，居各产业领域集群末位（表1-74）。

表1-74　2020—2021年节能环保产业集群科技投入情况

科技投入	2020年	2021年	增长率	占全国同类指标比重
研发人员合计/人	15 568	15 718	0.96%	1.20%
研发费用支出/亿元	9.91	10.94	10.39%	0.33%
研发投入强度	1.00%	0.99%		

6. 创新产出整体较弱，创新能力有待加强

从各项科技产出指标来看，节能环保产业集群当年申请发明专利有所增长，新增233件，表现较为突出；认定登记的技术合同项数和技术合同成交金额均有小幅提升。当年获得授权发明专利、当年获得软件著作权，以及当年形成国内外标准等多项指标出现下滑，表明节能环保产业集群内企业技术创新能力有待加强（表1-75）。

表1-75　2020—2021年节能环保产业集群科技产出情况

科技产出	2020年	2021年	增长率	占全国同类指标比重
当年申请发明专利/件	1056	1289	22.06%	0.99%
其中：国内发明专利/件	1015	1111	9.46%	1.08%
当年申请欧美日专利/件	11	11	0	0.18%
当年获得授权发明专利/件	336	334	−0.60%	0.54%
其中：国内发明专利/件	328	313	−4.57%	0.63%
当年获得授权欧美日专利/件	3	3	0	0.08%
当年注册商标/件	132	131	−0.76%	0.34%
当年获得软件著作权/件	58	53	−8.62%	0.10%
当年获得集成电路布图设计专有权/件	5	5	0	0.46%
当年形成国际标准/项	3	1	−66.67%	0.45%
当年形成国家或行业标准/项	14	13	−7.14%	0.75%
当年获得国家科技奖励/项	0	0	0	0
认定登记的技术合同项数/项	1414	1429	1.06%	2.52%
认定登记的技术合同成交金额/亿元	6.64	6.79	2.28%	0.40%

（八）数字创意产业

数字创意产业作为现代信息技术与文化创新产业相互融合的新经济形态，是国家重点发展的战略性新兴产业之一。全国创新型产业集群中，共有数字创意产业集群2个，从整体发展来看，集群体量虽然不大，但发展水平优于其他产业领域集群。2021年，集群1600余家企业主要经济指标均实现明显增长，其中，实现工业总产值和营业收入增幅均超过20%；净利润和实际上缴税费总额增幅均超过30%，表现出集群企业较强的市场竞争能力和较好的盈利能力（表1-76）。

表1-76　2020—2021年数字创意产业集群总体发展情况

主要指标	2020年	2021年	增长率	占全国同类指标比重
集群企业总数/家	1634	1685	3.12%	4.83%
集群人员总数/人	231 984	262 291	13.06%	4.88%
工业总产值/亿元	1876.28	2269.89	20.98%	3.47%
营业收入/亿元	3030.68	3857.78	27.29%	4.44%
出口总额/亿元	888.81	1104.74	24.29%	8.74%
净利润/亿元	378.53	497.09	31.32%	6.58%
实际上缴税费总额/亿元	167.62	233.12	39.08%	6.11%
研发费用支出/亿元		248.88		7.55%

1. 高企占比超过七成，成为集群发展绝对主力

2021年，数字创意产业集群企业总数为1685家，较上年新增51家。从企业总量来看，平均每个集群拥有企业842.50家，在全国各产业领域集群中居首位。从企业类型来看，高新技术企业占比高达72.52%，居全国各产业领域集群首位；境外控股企业增速最快，较上年新增90家，同比增长169.81%；营业收入超过1亿元小于10亿元和超过10亿元的企业占企业总数的比例合计达到10.45%（表1-77）。总体来看，数字创意产业集群各类企业稳步发展并取得较好成效。

表1-77 2020—2021年数字创意产业集群企业构成

单位：家

企业类型	2020年	2021年	增长率	占全国同类指标比重
集群企业总数	1634	1685	3.12%	4.83%
其中：高新技术企业	1087	1222	12.42%	7.42%
其中：营业收入超过1亿元小于10亿元的企业	123	152	23.58%	2.95%
营业收入超过10亿元的企业	26	24	−7.69%	1.85%
其中：境外控股企业	53	143	169.81%	7.23%
其中：拥有科技机构的企业	281	341	21.35%	3.34%
其中：上市企业（不含新三板挂牌企业）	15	13	−13.33%	1.75%
新三板挂牌企业	42	42	0	5.45%
其中：在孵企业	323	303	−6.19%	3.14%
毕业企业	162	171	5.56%	3.83%

2. 从业人员素质较高，人员结构较为合理

2021年，集群共拥有从业人员26.23万人，同比增长13.06%。其中，大专及以上学历人员为24.97万人，占集群总人数的95.18%，高于全国集群从业人员平均水平，居全国各产业领域集群首位。留学回国人员从事数字创意产业趋势明显，较上年新增573人，增幅达到20.60%。硕士和博士人员占比相对较高，占集群总人数的比例合计接近10%。总体来看，数字创意产业集群从业人员整体素质较高，人员结构较为合理（表1-78）。

表1-78 2020—2021年数字创意产业集群企业人员构成

单位：人

从业人员	2020年	2021年	增长率	占全国同类指标比重
集群人员总数	231 984	262 291	13.06%	4.88%
其中：大专及以上学历人员	197 139	249 652	26.64%	7.78%
其中：硕士人员	20 415	23 573	15.47%	6.76%
博士人员	1558	1602	2.82%	4.55%
其中：留学回国人员	2782	3355	20.60%	8.17%

3. 研发机构与上年持平，新型研发机构有发展空间

2021年，2家数字创意产业集群的研发机构构成和数量均与上年保持一致，总数均为68家。其中，企业技术中心和外资研发机构为主要代表，分别为22家和19家，合计占比超过60%。数字创意产业集群研发机构数量整体偏低，基于数字信息技术和文化创意技术的新型研发机构需大力发展（表1-79）。

表1-79　2020—2021年数字创意产业集群研发机构构成

单位：家

研发机构类型	2020年	2021年	增长率	占全国同类指标比重
研发机构总数	68	68	0	0.84%
研究院所	9	9	0	1.40%
省级及以上重点实验室	5	5	0	0.96%
企业技术中心	22	22	0	0.78%
新型产业技术研发机构	1	1	0	0.19%
博士后科研工作站	3	3	0	0.46%
各类大学	1	1	0	0.27%
国家工程研究中心	0	0	0	0
省级及以上工程技术研究中心	4	4	0	0.23%
国家工程实验室	2	2	0	2.02%
外资研发机构	19	19	0	6.99%
院士工作站	2	2	0	0.54%

4. 创业孵化较为稳定，多元化服务还需加强

数字创意产业集群中创新服务机构稳步发展，主要以科技企业孵化器和众创空间为代表，数量之和为82家，占集群创新服务机构总数的78.10%。金融服务机构和其他服务机构发展相对缓慢，数量均与上年持平。其中，支撑数字创意产业发展需求的人才服务、知识产权服务，以及助力技术创新和研发设计企业发展壮大的风险投资机构和小额贷款公司均未表现出快速增长的势头，数量远低于预期（表1-80）。

表1-80　2020—2021年数字创意产业集群服务机构构成

单位：家

服务机构类型	2020年	2021年	增长率	占全国同类指标比重
创新服务机构总数	103	105	0	2.96%
科技企业孵化器	76	78	0	6.57%
其中：国家级科技企业孵化器	6	8	33.33%	2.27%
众创空间	3	4	33.33%	0.40%

续表

服务机构类型	2020年	2021年	增长率	占全国同类指标比重
其中：科技部备案的众创空间	3	4	33.33%	0.93%
生产力促进中心	2	1	−50.00%	0.61%
技术转移机构	22	22	0	3.50%
产品检验检测机构	0	0	0	0
其中：具有国家级资质的产品检验检测机构	0	0	0	0
金融服务机构总数	78	78	0	2.48%
创业风险投资机构	19	19	0	1.37%
担保公司	10	10	0	2.30%
小额贷款公司	13	13	0	2.93%
科技金融服务机构	36	36	0	4.11%
其他服务机构总数	31	31	0	1.21%
技工学校	0	0	0	0
人才服务机构	2	2	0	0.22%
知识产权服务机构	29	29	0	2.34%

5. 研发人员占比较高，研发投入水平居于高位

在科技投入方面，数字创意产业集群共有研发人员90 768人，占集群总人数的34.61%，同比增长15.31%；研发费用支出为248.88亿元，占营业收入的6.45%；研发投入强度高于全国平均水平2.65个百分点，在全国各产业领域集群中居第2位，仅次于相关服务业产业集群（表1-81）。

表1-81　2020—2021年数字创意产业集群科技投入情况

科技投入	2020年	2021年	增长率	占全国同类指标比重
研发人员合计/人	78 718	90 768	15.31%	6.94%
研发费用支出/亿元		248.88		7.55%
研发投入强度		6.45%		

6. 国家标准快速形成，专利创造能力明显提升

在科技产出方面，数字创意产业集群获得知识产权成效显著。2021年，当年获得软件著作权7011件，较上年新增988件；当年获得授权发明专利2997件，较上年新增961件。在标准制定方面，数字创意产业集群当年形成国际标准和国家或行业标准数量均大幅提升，同比分别增长250.00%和58.82%（表1-82）。

表1-82　2020—2021年数字创意产业集群科技产出情况

科技产出	2020年	2021年	增长率	占全国同类指标比重
当年申请发明专利/件	5118	6524	27.47%	5.00%
其中：国内发明专利/件	4543	5461	20.21%	5.29%
当年申请欧美日专利/件	476	973	104.41%	16.00%
当年获得授权发明专利/件	2036	2997	47.20%	4.85%
其中：国内发明专利/件	1717	2694	56.90%	5.46%
当年获得授权欧美日专利/件	196	243	23.98%	6.29%
当年注册商标/件	1346	1788	32.84%	4.69%
当年获得软件著作权/件	6023	7011	16.40%	12.94%
当年获得集成电路布图设计专有权/件	39	93	138.46%	8.51%
当年形成国际标准/项	2	7	250.00%	3.15%
当年形成国家或行业标准/项	34	54	58.82%	3.11%
当年获得国家科技奖励/项	3	0	−100.00%	0
认定登记的技术合同项数/项	8407	3777	−55.07%	6.66%
认定登记的技术合同成交金额/亿元	144.15	151.11	4.83%	8.84%

（九）相关服务业

相关服务业是九大战略性新兴产业之一，具有由劳动密集型向知识技术密集型转变的鲜明特征。2021年，全国共有相关服务业集群2个，拥有企业898家，人员总数12.91万人。从发展水平来看，相关服务业集群各项经济指标发展较好，发展水平较高，当年实现营业收入703.73亿元，出口总额20.85亿元，净利润68.12亿元，增幅均超过30%（表1-83）。

表1-83　2020—2021年相关服务业集群总体发展情况

主要指标	2020年	2021年	增长率	占全国同类指标比重
集群企业总数/家	788	898	13.96%	2.58%
集群人员总数/人	127 201	129 076	1.47%	2.40%
工业总产值/亿元	84.99	93.27	9.74%	0.14%
营业收入/亿元	526.69	703.73	33.61%	0.81%
出口总额/亿元	14.79	20.85	40.96%	0.16%
净利润/亿元	49.49	68.12	37.65%	0.90%
实际上缴税费总额/亿元	30.24	37.45	23.85%	0.98%
研发费用支出/亿元	45.22	51.22	13.25%	1.55%

1. 企业数量稳中有升，高企占比稳步增长

2021年，相关服务业集群企业实现稳步发展，企业总数达到898家，较上年新增110家，同比增长13.96%。其中，高新技术企业占比持续走高，达到66.59%；营业收入超过1亿元小于10亿元和超过10亿元的企业合计达到165家，较上年新增21家，在集群企业中引领带动作用突出。上市企业有21家，新三板挂牌企业有50家，在全国各产业领域集群中占比较高（表1-84）。

表1-84 2020—2021年相关服务业集群企业构成

单位：家

企业类型	2020年	2021年	增长率	占全国同类指标比重
集群企业总数	788	898	13.96%	2.58%
其中：高新技术企业	550	598	8.73%	3.63%
其中：营业收入超过1亿元小于10亿元的企业	124	143	15.32%	2.77%
营业收入超过10亿元的企业	20	22	10.00%	1.70%
其中：境外控股企业	12	12	0	0.61%
其中：拥有科技机构的企业	115	124	7.83%	1.21%
其中：上市企业（不含新三板挂牌企业）	19	21	10.53%	2.83%
新三板挂牌企业	50	50	0	6.49%
其中：在孵企业	271	293	8.12%	3.04%
毕业企业	106	105	-0.94%	2.35%

2. 高层次人才占比较高，高端化发展趋势明显

人员素质整体处于较高水平是相关服务业集群的显著特征。2021年，集群人员总数为12.91万人，较上年实现小幅增长。其中，大专及以上学历人员占集群人员总数的比例达到81.64%，居各产业领域集群前列；留学回国人员较上年也有一定幅度的增长。博士人员数量提升较为明显，同比增长8.16%。相关服务业集群从业人员中，硕士和博士人员占比、留学回国人员占比均处于全国各产业领域集群首位，表明集群从业人员队伍正在向高端化发展（表1-85）。

表1-85 2020—2021年相关服务业集群企业人员构成

单位：人

从业人员	2020年	2021年	增长率
集群人员总数	127 201	129 076	1.47%
其中：大专及以上学历人员	104 108	105 378	1.22%
其中：硕士人员	13 618	13 950	2.44%
博士人员	980	1060	8.16%
其中：留学回国人员	2838	2978	4.93%

3.研发机构提速发展，研发体系尚需健全

相关服务业集群研发机构总数为42家，较上年新增2家企业技术中心，其他类型研发机构数量没有变化。各类研发机构中，以企业技术中心和新型产业技术研发机构为主体，分别为16家和10家，数量之和占集群研发机构总数的比例超过六成。截至2021年，相关服务业集群中，省级及以上工程技术研究中心、国家工程实验室、外资研发机构尚为空白（表1-86）。

表1-86　2020—2021年相关服务业集群研发机构构成

单位：家

研发机构类型	2020年	2021年	增长率	占全国同类指标比重
研发机构总数	40	42	5.00%	0.52%
研究院所	3	3	0	0.47%
省级及以上重点实验室	3	3	0	0.58%
企业技术中心	14	16	14.29%	0.57%
新型产业技术研发机构	10	10	0	1.89%
博士后科研工作站	0	0	0	0
各类大学	3	3	0	0.82%
国家工程研究中心	3	3	0	2.38%
省级及以上工程技术研究中心	0	0	0	0
国家工程实验室	0	0	0	0
外资研发机构	0	0	0	0
院士工作站	4	4	0	1.09%

4.众创空间快速发展，国家级机构占比最高

相关服务业集群中，各类服务机构均实现不同程度的增长。创新服务机构增长最快，总数为50家，较上年新增5家，同比增长11.11%。其中，科技企业孵化器和众创空间实现增长，众创空间同比增长42.86%，两者数量之和占集群创新服务机构总数的比例近七成；具有国家级资质的产品检验检测机构实现零的突破，达到2家。各类服务机构中，国家级机构占比达到48.00%，在各产业领域集群中比例最高（表1-87）。

表1-87　2020—2021年相关服务业集群服务机构构成

单位：家

服务机构类型	2020年	2021年	增长率	占全国同类指标比重
创新服务机构总数	45	50	11.11%	1.44%
科技企业孵化器	23	24	4.35%	2.08%
其中：国家级科技企业孵化器	5	5	0	1.42%

续表

服务机构类型	2020年	2021年	增长率	占全国同类指标比重
众创空间	7	10	42.86%	1.00%
其中：科技部备案的众创空间	7	10	42.86%	2.31%
生产力促进中心	2	2	0	1.23%
技术转移机构	7	8	14.29%	1.27%
产品检验检测机构	6	6	0	1.12%
其中：具有国家级资质的产品检验检测机构	0	2		0.98%
金融服务机构总数	33	34	3.03%	1.08%
创业风险投资机构	12	13	8.33%	0.94%
担保公司	2	2	0	0.46%
小额贷款公司	8	8	0	1.80%
科技金融服务机构	11	11	0	1.26%
其他服务机构总数	34	35	2.94%	1.36%
技工学校	0	0	0	0
人才服务机构	12	12	0	1.29%
知识产权服务机构	22	23	4.55%	1.86%

5. 研发投入持续增长，投入强度全国最高

在科技投入方面，相关服务业集群研发人员数量占集群从业人员的比例居各产业领域集群前列，占比为32.88%。研发费用支出同比增长13.27%，达到51.22亿元，总量在各产业领域集群中并不突出；研发投入强度达到7.28%，居全国各产业领域集群首位，高于全国集群研发投入强度平均水平3.48个百分点，但比上年下降了1.31个百分点（表1-88）。

表1-88　2020—2021年相关服务业集群科技投入情况

科技投入	2020年	2021年	增长率	占全国同类指标比重
研发人员合计/人	41 428	42 445	2.45%	3.25%
研发费用支出/亿元	45.22	51.22	13.27%	1.55%
研发投入强度	8.59%	7.28%		

6. 专利创造能力提升，欧美日专利增速最大

在科技产出方面，相关服务业集群获得各类知识产权大幅增长。当年获得授权发明专利较上年增长32.62%，其中，当年获得授权欧美日专利96项，同比增长174.29%。当年注册商标增加1365项，同比增长132.14%。在标准制定方面，当年形成国家或行业标准有所减少，对相关服务业集群的带动作用还需加强（表1-89）。

表1-89　2020—2021年相关服务业集群科技产出情况

科技产出	2020年	2021年	增长率	占全国同类指标比重
当年申请发明专利/件	2392	2410	0.75%	1.85%
其中：国内发明专利/件	2022	2234	10.48%	2.17%
当年申请欧美日专利/件	90	117	30.00%	1.92%
当年获得授权发明专利/件	1073	1423	32.62%	2.30%
其中：国内发明专利/件	933	1300	39.34%	2.64%
当年获得授权欧美日专利/件	35	96	174.29%	2.49%
当年注册商标/件	1033	2398	132.14%	6.29%
当年获得软件著作权/件	2006	2739	36.54%	5.05%
当年获得集成电路布图设计专有权/件	53	81	52.83%	7.41%
当年形成国际标准/项	0	0		0
当年形成国家或行业标准/项	26	25	−3.85%	1.44%
当年获得国家科技奖励/项	0	3		5.08%
认定登记的技术合同项数/项	2215	2257	1.90%	3.98%
认定登记的技术合同成交金额/亿元	93.47	97.19	3.98%	5.69%

第二篇　国家火炬特色产业基地

国家火炬特色产业基地（简称"特色产业基地"）是促进区域经济高质量发展、打造特色优势产业的重要载体。按照"高起点规划、高标准建设、高质量发展"的建设原则，特色产业基地不断发展壮大区域优势特色产业，推动大中小企业融通发展，完善科技创新创业服务体系，为促进传统产业转型升级和培育新兴产业发挥了重要的示范引领和带动作用，已成为地方提升自主创新能力、发展壮大优势特色产业的有生力量，为促进科技创新与成果转化，以及县域经济高质量发展做出了突出贡献。

一、总体情况

（一）基本情况

截至2021年年底,全国共有特色产业基地476个[①],覆盖全国33个省、自治区、直辖市、新疆生产建设兵团和计划单列市,产业领域涉及新一代信息技术、高端装备制造、新材料、生物、新能源汽车、新能源、节能环保等战略性新兴产业。2021年,特色产业基地主导产业企业集聚效应不断凸显,企业总数达到251 689家,同比增长22.62%;工业总产值和营业收入逐年增长,分别达到140 916.16亿元和141 351.95亿元,创历史新高(图2-1)。特色产业基地产业规模和发展速度同步提升,整体呈现持续向好的发展态势,为促进产业发展提质增效和区域经济高质量发展发挥了重要作用,实现了"十四五"良好开局。

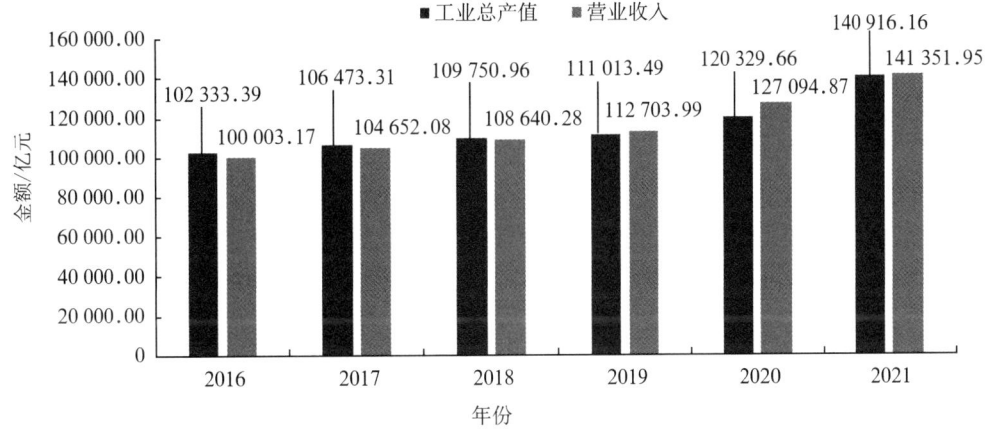

图2-1　2016—2021年特色产业基地工业总产值及营业收入发展情况

（二）发展特征

1. 产业规模持续壮大,经济效益显著提升

特色产业基地有效聚集特色产业优势资源,主导产业规模持续发展壮大,带动了地方产业结构调整和优化升级,取得了较好的经济效益,各项经济指标表现良好。2021年,特色产业基地工业总产值较上年实现17.11%的快速增长,高于全国工业总产值9.6个百分点[②];技术和产品出口规模逐年扩

---

① 2021年476家国家火炬特色产业基地中,475家提供了有效数据。
② 数据来源:《中华人民共和国2021年国民经济和社会发展统计公报》,下同。

大，出口总额达到 15 467.20 亿元，同比增长 26.56%；实现净利润 8329.87 亿元，同比增长 10.73%（表2-1）。

表 2-1 2020—2021 年全国特色产业基地经济指标发展情况

单位：亿元

经济指标	2020 年	2021 年	增长率
工业总产值	120 329.66	140 916.16	17.11%
营业收入	127 094.87	141 351.95	11.22%
出口总额	12 221.24	15 467.20	26.56%
实际上缴税费总额	6034.96	7186.19	19.08%
净利润	7522.63	8329.87	10.73%

2. 研发投入不断增强，创新产出加速涌现

特色产业基地坚持科技创新引领产业发展，持续加大创新平台建设力度，集聚各类创新主体和创新资源，要素配置效率显著增强，知识产权和大批科技成果不断涌现。2021 年，特色产业基地持续推进重点实验室和企业技术中心建设，新增国家重点实验室和国家级企业技术中心 62 家。引导企业加大研发投入，特色产业基地企业平均研发投入强度达到 2.76%，高于我国全社会研发投入强度（2.44%）0.32 个百分点。大批知识产权和标准不断涌现，全年新增授权专利 17 470 件，其中新增发明专利 3922 件；新增制定国家标准 269 项、行业标准 135 项（表 2-2）。

表 2-2 2020—2021 年特色产业基地创新指标发展情况

主要指标	2020 年	2021 年	增长率
资金总投入 / 亿元	12 111.87	13 465.10	11.17%
其中：用于支撑服务机构的公共投入 / 亿元	676.78	700.00	3.43%
基地内企业研发总投入 / 亿元	3652.93	3895.99	6.65%
研发投入强度	2.87%	2.76%	
授权专利 / 件	258 826	276 296	6.75%
其中：发明专利 / 件	38 601	42 523	10.16%
制定国家标准 / 项	889	1158	30.26%
制定行业标准 / 项	1323	1458	10.20%

3. 科技企业梯度培育，大中小企业协同发展

特色产业基地围绕支撑主导产业引进和科技企业培育，着力提升科技企业创新能力和创新效益，促进大中小企业协同发展、合作共赢，厚植科技企业成长沃土。2021 年，特色产业基地内企业总数超过 25 万家，其中，高新技术企业和科技型中小企业占特色产业基地企业总数的比例分别上升到

10.98%和11.69%，骨干企业同步实现9.33%的较大增幅（图2-2）。科技企业以技术创新引领产业集聚发展，为做大做强主导产业、促进区域经济平稳增长贡献了科技力量。

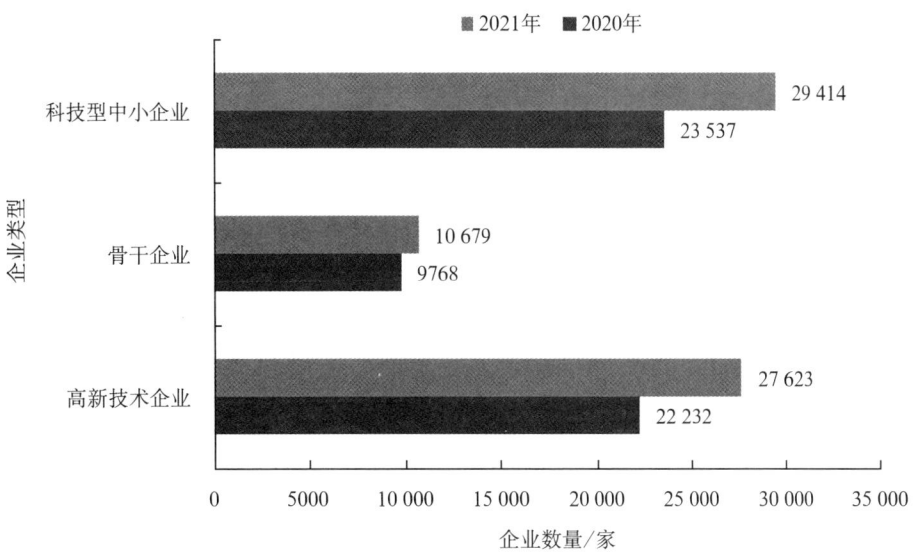

图2-2　2020—2021年特色产业基地各类企业数量发展情况

4.服务体系日趋完备，创新活力持续迸发

特色产业基地持续优化科技创新生态，进一步提升创新创业和成果转化成效，加大高层次专业化人才引育力度，强化科技金融支撑产业发展提质增效，科技创新服务体系日渐完备，科技创新动力与活力持续迸发，对主导产业的支撑和推动作用不断加强。2021年，国家级科技企业孵化器、科技部备案的众创空间和国家技术转移机构数量持续增长，增幅稳定在5%~8%的合理区间。金融服务机构和知识产权服务机构数量大幅增加，不断创新服务模式和服务产品，满足企业日益增长的创新需求（图2-3）。随着服务体系的不断完善，以创新领军人才为代表的高层次人才发展壮大，带动特色产业基地人才结构不断优化。

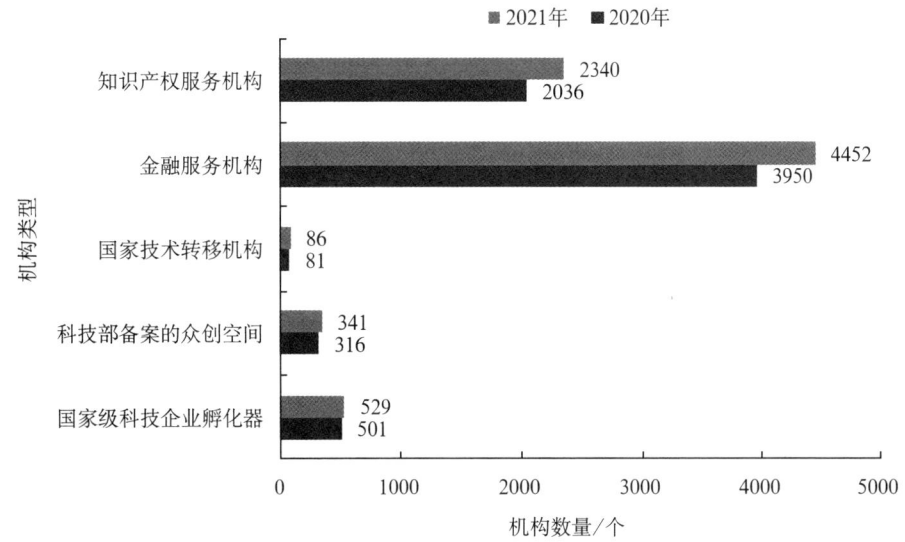

图2-3　2020—2021年特色产业基地服务机构主要指标发展情况

二、区域布局

（一）各地区分布

特色产业基地在全国大部分地区均已布局。全国476个特色产业基地覆盖了33个省、自治区、直辖市、新疆生产建设兵团和计划单列市。江苏、山东、浙江和广东四省的数量之和占基地总数的57.14%。其中，江苏数量最多，共有特色产业基地135个，占基地总数的28.36%；山东有64个，占基地总数的13.45%；浙江有46个，占基地总数的9.66%；广东有27个，占基地总数的5.67%。海南、西藏、青海和深圳四地尚未布局特色产业基地（表2-3）。

表2-3 2021年特色产业基地各地区数量分布

单位：个

地区	数量	地区	数量
北京	1	广西	2
天津	9	海南	0
河北	13	重庆	5
山西	9	四川	4
内蒙古	3	贵州	7
辽宁	12	云南	5
吉林	5	西藏	0
黑龙江	10	陕西	8
上海	10	甘肃	2
江苏	135	青海	0
浙江	46	宁夏	2
安徽	19	新疆	2
福建	7	新疆生产建设兵团	1
江西	8	大连	4
山东	64	宁波	6
河南	16	厦门	4
湖北	16	青岛	4
湖南	10	深圳	0

续表

地区	数量	地区	数量
广东	27		
总计：476			

（二）4类区域分布

东部地区发展最早并持续保持先发优势。从4类区域特色产业基地数量分布情况来看，东部地区基地数量最多，是全国特色产业基地发展最早和最快的地区，区域优势特色产业保持了较快的发展势头。2021年，东部地区特色产业基地数量为326个，占基地总数的68.49%。中部、西部和东北地区在产业政策的扶持下基地数量稳步增长，其中，中部地区特色产业基地数量为78个，占基地总数的16.39%；西部和东北地区特色产业基地数量分别为41个和31个，分别占基地总数的8.61%和6.51%（图2-4）。总体来看，受创新资源集聚程度、创新主体活力、经济发展水平等因素的影响，特色产业基地在全国的布局呈现东多西少的明显特征。

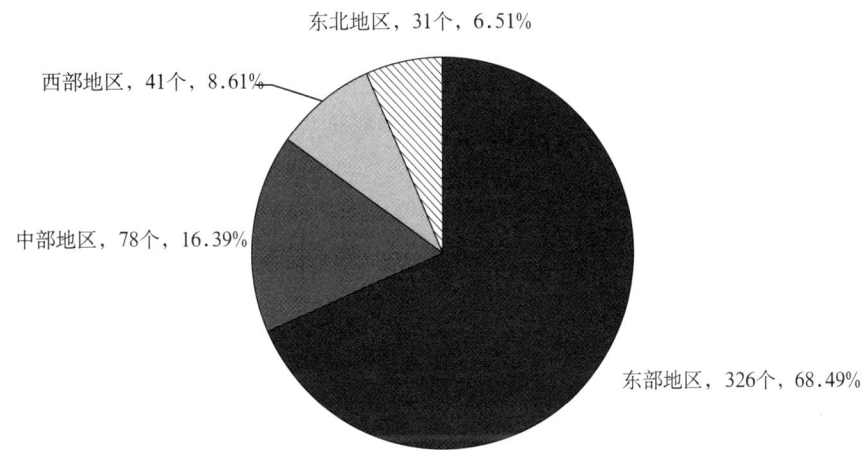

图2-4 2021年特色产业基地4类区域分布

（三）国家战略区域分布

长三角一体化地区特色产业基地数量居首位。深入实施区域重大战略和区域协调发展战略是我国促进区域协调发展的重大部署之一。从国家战略区域特色产业基地分布来看，长三角一体化地区四省市经济体量位居全国前列，对特色产业发展的支持力度明显高于其他地区，基地数量在各类国家战略区域中居首位，为216个，占基地总数的45.38%。东北全面振兴区域依托东北老工业基地产业基础，基地数量居第2位，为34个。京津冀地区基地数量为23个，北京持续疏解非首都功能，河北、天津产业承接转移取得较好成效，基地数量大大高于北京（图2-5）。

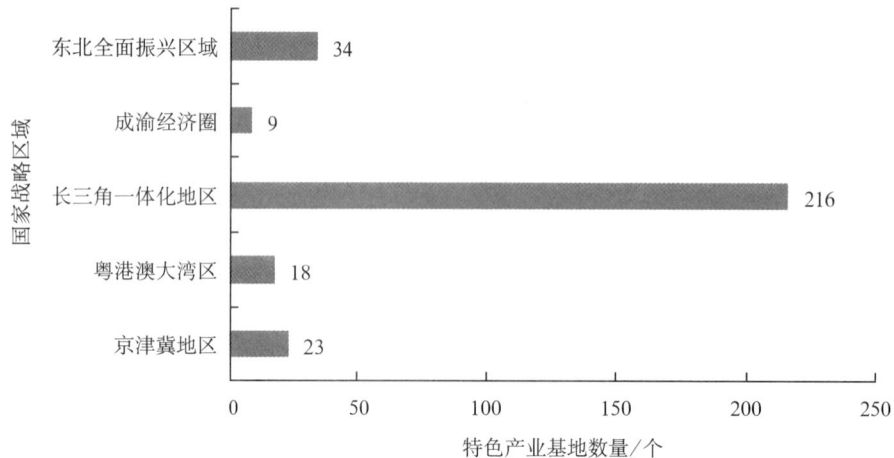

图 2-5 2021 年国家战略区域特色产业基地数量分布

三、产业布局

（一）战略性新兴产业分布

高端装备制造和新材料特色产业基地数量较多。按照国家统计局《战略性新兴产业分类（2018）》，476个特色产业基地覆盖了九大战略性新兴产业。其中，高端装备制造特色产业基地数量最多，达到169个，占基地总数的35.50%；新材料特色产业基地数量位居第二，为121个，占基地总数的25.42%，与高端装备制造特色产业基地数量之和占比超过全国基地总数的60%。生物和新一代信息技术特色产业基地数量分别为72个和51个。新能源、新能源汽车、节能环保、数字创意等特色产业基地数量相对较少，其中，数字创意特色产业基地只有1个（图2-6）。总体来看，面向战略性新兴产业的特色产业基地分布较不均衡，特色产业基地仍有较大发展空间。

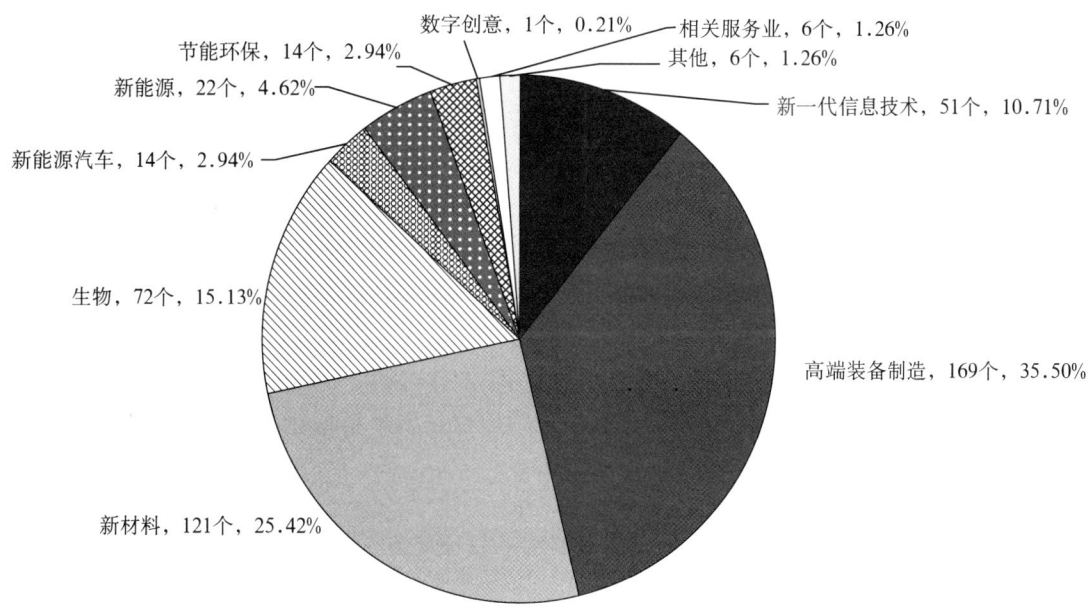

图2-6　2021年特色产业基地战略性新兴产业数量分布情况

（二）高新技术领域分布

先进制造与自动化领域基地数量居首位。按照《国家重点支持的高新技术领域》中的分类，特色产业基地覆盖了八大高新技术领域，体现了基地产业的"高""新"特征。其中，先进制造与自动化技术领域的基地数量达176个，占基地总数的36.97%；新材料技术领域基地数量为121个，占基地总数的25.42%；生物与新医药技术领域和电子信息技术领域基地数量分别为72个和50个，占比均超过10%，分别为15.13%和10.50%。高技术服务技术领域的基地数量仅有9个，占比不足2%，表明以高技术服务为主导产业的基地发展模式尚需进一步探索（图2-7）。

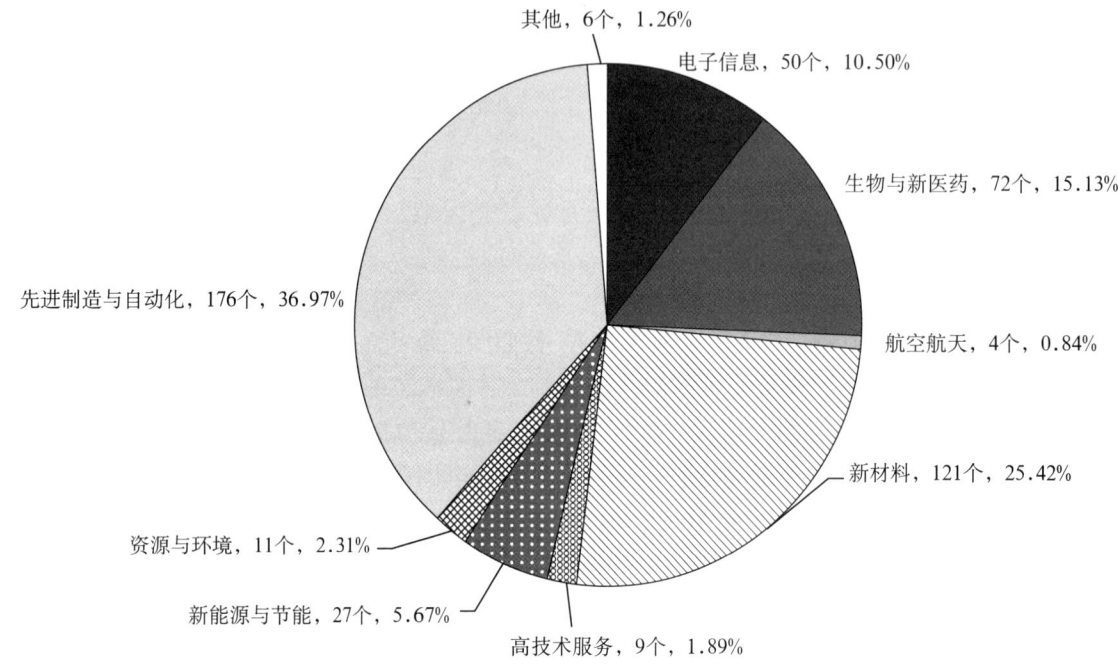

图2-7 2021年高新技术领域特色产业基地数量分布情况

（三）各地区分布

江苏和山东特色产业基地快速发展。按战略性新兴产业分类，全国25个地区布局了169个高端装备制造特色产业基地。其中，基地总数居全国第1位的江苏拥有高端装备制造特色产业基地46个，占江苏基地总数的34.07%，占全国高端装备制造特色产业基地总数的27.21%。山东特色产业基地数量居全国第2位，其拥有高端装备制造特色产业基地21个，占山东基地总数的31.81%，占全国高端装备制造特色产业基地总数的12.43%。江苏和山东两地也是新材料特色产业基地的集聚地，基地总数分别为32个和19个（表2-4）。

表2-4 2021年各地区战略性新兴产业特色产业基地分布

单位：个

地区	新一代信息技术	高端装备制造	新材料	生物	新能源汽车	新能源	节能环保	数字创意	相关服务业	其他	总计
北京	1										1
天津	1	4	2						2		9
河北	2	3	5	1		2					13
山西	1	6	1	1							9
内蒙古	1	1		1							3
辽宁	1	6	1	2	1	1					12

续表

地区	新一代信息技术	高端装备制造	新材料	生物	新能源汽车	新能源	节能环保	数字创意	相关服务业	其他	总计
吉林	1			4							5
黑龙江		4	4	1					1		10
上海	1	4	2	1						2	10
江苏	14	46	32	17	6	11	9				135
浙江	7	19	13	4		1				2	46
安徽	2	6	3	4	2	1	1				19
福建	3	2	1							1	7
江西		1	4	1	2						8
山东	6	21	19	11	1	3	2			1	64
河南	1	7	3	5							16
湖北		8	4	2	1		1				16
湖南		3	3	3		1					10
广东	4	12	8	1					1	1	27
广西		1	1								2
海南											
重庆		2	1	1			1				5
四川	1	1	1	1							4
贵州		2	1	3					1		7
云南	1		1	2		1					5
西藏											
陕西	1	3	2	2							8
甘肃			2								2
青海											
宁夏			1							1	2
新疆			2								2
新疆生产建设兵团				1							1
大连		3		1							4
宁波	1	3	1		1						6
厦门	1		1	1		1					4
青岛		1	2	1							4
深圳											
总计	51	169	121	72	14	22	14	1	6	6	476

新材料技术领域特色产业基地覆盖大部分地区。按照《国家重点支持的高新技术领域》中的分类，全国共有28个地区布局了121个新材料技术领域特色产业基地，涉及的地区居各类技术领域首位且较为均匀，除江苏、山东分别有32个和19个基地外，河北、湖北、黑龙江、安徽等24个地区新材料特色产业基地不超过5个。在先进制造与自动化和生物与新医药技术领域，分别有25个地区布局了特色产业基地，基地数量分别为176个和72个。浙江特色产业基地涉及的高新技术领域最多，除航空航天、资源与环境技术领域外，其他技术领域均有布局（表2-5）。

表2-5 2021年各地区高新技术领域特色产业基地分布

单位：个

地区	电子信息	生物与新医药	航空航天	新材料	高技术服务	新能源与节能	资源与环境	先进制造与自动化	其他	总计
北京	1									1
天津	1			2	2	1		3		9
河北	2	1		5		2		3		13
山西	1	1		1				6		9
内蒙古		1			1			1		3
辽宁	2	2		1		1		6		12
吉林	1	4								5
黑龙江		1		4	1			4		10
上海	1	1		2	2			4		10
江苏	14	17		32		14	6	52		135
浙江	6	4		13	1	1		19	2	46
安徽	2	4		3			1	9		19
福建	3			1				2	1	7
江西		1		4		2		1		8
山东	6	11		19		4	2	21	1	64
河南	1	5		3				7		16
湖北	1	2		4			1	8		16
湖南		3	1	3				3		10
广东	4	1		7	1			13	1	27
广西				1				1		2
海南										
重庆		1		1			1	2		5
四川	1	1		1				1		4
贵州		3	2	1	1					7

续表

地区	电子信息	生物与新医药	航空航天	新材料	高技术服务	新能源与节能	资源与环境	先进制造与自动化	其他	总计
云南	1	2		1		1				5
西藏										
陕西		2	1	3				2		8
甘肃				2						2
青海										
宁夏				1					1	2
新疆				2						2
新疆生产建设兵团		1								1
大连		1				1		2		4
宁波	1			1				4		6
厦门	1	1		1				1		4
青岛		1		2				1		4
深圳										
总计	50	72	4	121	9	27	11	176	6	476

（四）4类区域分布

东部地区高端装备制造产业集聚明显。按战略性新兴产业分类，东部地区呈现明显的制造业集聚特征，高端装备制造特色产业基地达到115个，遥遥领先于中部、西部和东北地区。中部地区主导特色产业虽聚焦于高端装备制造业，但特色产业基地数量不足东部地区的1/3，为31个，占中部地区基地数量的39.74%。西部地区特色产业基地主要分布在新材料和生物领域，数量之和占西部地区基地数量的比例超过五成。东北地区特色产业基地数量居4类区域末位，产业特色以高端装备制造和生物为主，分别占东北地区基地数量的41.94%和25.81%（表2-6）。

表2-6　2021年4类区域战略性新兴产业特色产业基地分布情况

单位：个

区域	新一代信息技术	高端装备制造	新材料	生物	新能源汽车	新能源	节能环保	数字创意	相关服务业	其他	总计
东部地区	41	115	86	37	8	18	11		5	5	326
中部地区	4	31	18	16	5	2	2				78
西部地区	4	10	12	11		1	1		1	1	41
东北地区	2	13	5	8	1	1		1			31
总计	51	169	121	72	14	22	14	1	6	6	476

先进制造与自动化技术领域特色产业基地数量居首位。按照《国家重点支持的高新技术领域》中的分类，先进制造与自动化技术领域特色产业基地在东部、中部和东北3类区域数量均居首位，占各类区域基地数量的比例分别为37.73%、43.59%和38.71%。中部地区高技术服务业和东部地区航空航天技术领域尚未形成特色产业基地。西部地区在各高新技术领域均有布局，新材料技术领域最为突出，占比达到31.71%。东北地区特色产业基地主要集中在先进制造与自动化、生物与新医药两个技术领域，基地数量合计占东部地区基地总数的64.52%；在资源与环境、航空航天技术领域，东北地区尚未形成特色产业基地（表2-7）。

表2-7　2021年4类区域高新技术领域特色产业基地分布情况

单位：个

区域	电子信息	生物与新医药	航空航天	新材料	高技术服务	新能源与节能	资源与环境	先进制造与自动化	其他	总计
东部地区	40	37		85	6	22	8	123	5	326
中部地区	5	16	1	18		2	2	34		78
西部地区	2	11	3	13	2	1	1	7	1	41
东北地区	3	8		5	1	2		12		31
总计	50	72	4	121	9	27	11	176	6	476

四、基地发展情况

（一）政策环境

"十四五"规划纲要提出，加快发展现代产业体系，推进产业基础高级化、产业链现代化，提高经济质量效益和核心竞争力。国务院有关部门和各省市积极落实规划纲要要求，制定切实有效的政策措施，提升重点产业基础能力，保障产业链安全稳定。国家发展改革委、科技部等部门印发了《关于扩大战略性新兴产业投资 培育壮大新增长点增长极的指导意见》（发改高技〔2020〕1409号）和《关于振作工业经济运行 推动工业高质量发展的实施方案的通知》（发改产业〔2021〕1780号），提出加快推动战略性新兴产业实现高质量发展，构建一批各具特色、优势互补、结构合理的战略性新兴产业增长引擎。地方政府积极响应，相继出台政策措施，优化产业发展环境，推动特色产业基地高质量发展。江苏省出台了《关于推动战略性新兴产业融合集群发展实施方案的通知》《关于进一步促进集成电路产业高质量发展的若干政策》等政策措施，扶持集成电路特色产业发展。吉林省出台了《关于加快医药强省建设促进医药健康产业高质量发展的实施意见》，梅河口市出台了《关于支持"4+3+N"主导产业发展实施意见》，设立产业发展引导资金支持中医药特色主导产业发展。河北省廊坊开发区出台了《廊坊开发区促进企业高质量发展十条措施（试行）》及其实施细则、《廊坊开发区关于促进产业转型升级奖励五条暂行办法》，持续优化特色基地发展环境。

（二）企业构成

高能级企业群体快速发展壮大。2021年，基地企业总数达到251 689家，比上年新增46 435家，同比增长22.62%。从企业类型来看，高新技术企业较上年新增5391家，科技型中小企业较上年新增5877家，同比分别增长24.25%和24.97%。从上市企业来看，国内上市企业新增18家，境外上市企业新增12家；新三板挂牌企业增幅最快，达到937家。从企业体量来看，基地内营业收入超10亿元的企业达到2418家，较上年增加276家，同比增长12.89%（表2-8）。数据表明，科技型高能级企业带动了特色产业基地发展质量和效益的全面提升，可持续、高质量发展取得明显成效。

表2-8 2020—2021年全国特色产业基地企业构成

单位：家

企业类型	2020年	2021年	增长率
基地企业总数	205 254	251 689	22.62%
其中：高新技术企业	22 232	27 623	24.25%
骨干企业	9768	10 679	9.33%
国内上市企业（不含新三板挂牌企业）	1169	1187	1.54%

续表

企业类型	2020 年	2021 年	增长率
境外上市企业	202	214	5.94%
新三板挂牌企业	799	937	17.27%
科技型中小企业	23 537	29 414	24.97%
营业收入超 10 亿元的企业	2142	2418	12.89%

（三）人员构成

创新领军人才总量大幅提升。2021 年，特色产业基地内企业从业人员总量稳步增长，达到 1296.56 万人，比上年增加 74.29 万人，同比增长 6.08%。从高层次人才来看，创新领军人才增速超过基地从业人员增速的 2 倍，国家级创新领军人才首次突破千人，达到 1085 人，同比增长 19.89%；省级创新领军人才达到 2607 人，同比增长 13.99%；基地企业研发人员总数达到 134.56 万人，占基地企业从业人员总量的 10.38%。从学历结构来看，高学历人才数量不断增长，博士和硕士人员数量分别增长 4.27% 和 7.48%，达到 3.74 万人和 24.04 万人（表 2-9）。特色产业基地人才结构不断优化，为高水平科技创新和稳就业保增长提供了重要的支撑保障。

表 2-9　2020—2021 年全国特色产业基地人员发展情况

单位：人

人员类型	2020 年	2021 年	增长率
企业从业人员	12 222 703	12 965 633	6.08%
其中：大专及以上学历人员	4 151 256	4 240 458	2.15%
其中：博士人员	35 829	37 358	4.27%
硕士人员	223 651	240 374	7.48%
其中：骨干企业人员	4 044 374	4 182 302	3.41%
其中：国家级创新领军人才	905	1085	19.89%
其中：省级创新领军人才	2287	2607	13.99%
其中：基地企业研发人员	1 293 371	1 345 641	4.04%

（四）研发机构构成

企业技术中心实现快速发展。特色产业基地各类研发机构中，省级及以上企业技术中心发挥了重要作用，数量居各类研发机构首位，达到 4008 家，占基地研发机构总数的 80.86%。其中，国家级企业技术中心较上年新增 57 家，达到 378 家，同比增长 17.76%。国家重点实验室新增 5 家，达到 54 家；国家工程技术研究中心较上年略有下降，减少了 12 家（表 2-10）。

表 2-10 2020—2021 年全国特色产业基地研发机构发展情况

单位：家

研发机构类型	2020 年	2021 年	增长率
国家工程技术研究中心	227	215	-5.29%
国家工程研究中心	130	139	6.92%
省级及以上重点实验室	551	595	7.99%
其中：国家重点实验室	49	54	10.20%
省级及以上企业技术中心	3776	4008	6.14%
其中：国家级企业技术中心	321	378	17.76%

（五）服务机构构成

创新服务体系建设加快推进。特色产业基地聚焦主导产业完善科技创新服务体系，集聚各类创新服务机构和平台，创业孵化、技术转移、科技金融等服务机构建设取得明显成效。2021年，特色产业基地新增国家级科技企业孵化器28家，新增科技部备案的众创空间25家，总数分别达到529家和341家，特色产业基地创新创业氛围日渐浓厚。金融服务机构主动服务企业资金需求，机构数量发展到4452家，居各类服务机构首位。知识产权服务机构为企业提供从尽职调查到专利申请的全流程、专业化服务，为企业成长保驾护航，机构数量大幅增长到2340家，同比增长14.93%（表2-11）。

表 2-11 2020—2021 年全国特色产业基地服务机构发展情况

单位：家

服务机构类型	2020 年	2021 年	增长率
产品检测检验平台	1438	1567	8.97%
国家级科技企业孵化器	501	529	5.59%
科技部备案的众创空间	316	341	7.91%
国家技术转移机构	81	86	6.17%
金融服务机构	3950	4452	12.71%
知识产权服务机构	2036	2340	14.93%

五、产业发展情况

按照战略性新兴产业分类，九大产业领域特色产业基地整体表现良好，呈现逆势上扬的增长态势，企业总量、工业总产值、总收入、研发投入等指标均实现正增长，表明在国家产业政策积极向好的大环境下，特色产业基地不断集聚配置产业创新资源，提升特色主导产业能级，加大关键核心技术攻关，在产业链关键产品、创新链关键技术、高端人才引进、科技金融及科技服务等方面取得了长足的进展。

从基地各产业发展规模来看，2021年，高端装备制造产业特色产业基地企业总数、企业从业人员、营业收入、净利润、发明专利授权等多项指标居各产业首位；新材料产业特色产业基地盈利能力显著增强，净利润居各产业第二；生物产业特色产业基地人均收入居各产业之首（表2-12）。

表2-12 2021年特色产业基地各产业领域主要指标情况

战略性新兴产业	基地数量/个	企业总数/家	高新技术企业/家	企业从业人员/人	营业收入/亿元	净利润/亿元	研发总投入/亿元	发明专利授权/件
新一代信息技术	51	46 191	4640	1 589 818	16 848.00	899.42	596.47	7279
高端装备制造	168	64 947	10 483	5 084 938	49 155.18	2535.56	1314.23	16 616
新材料	121	47 594	4701	2 949 643	38 850.94	2339.23	797.60	7655
生物	72	18 125	3124	1 306 755	17 378.95	1420.21	717.28	4998
新能源汽车	14	1733	628	279 548	3608.27	199.65	113.11	1241
新能源	22	17 100	2273	622 620	6609.01	396.65	176.06	2279
节能环保	14	4887	713	272 276	3231.11	280.26	106.18	1076
数字创意	1	609	31	16 800	49.35	8.82	2.69	0
相关服务业	6	26 239	595	427 859	3218.43	152.38	35.68	1015
总计	475	251 689	27 623	12 965 633	141 351.95	8329.87	3895.99	42 523

从基地各产业发展水平来看，2021年，新能源产业特色产业基地工业总产值增幅居第1位，达到71.70%；生物产业特色产业基地实际上缴税费总额增速达到66.98%，高居各类产业领域榜首；节能环保产业特色产业基地营利能力表现突出，净利润增速达到27.11%；相关服务业特色产业基地的研发总投入增速为221.79%，居第1位；从研发投入强度来看，数字创意、生物、新一代信息技术产业居前3位，高于全国特色产业基地研发投入平均强度（表2-13）。

表 2-13　2021年特色产业基地各产业领域主要指标增速

战略性新兴产业	企业总数增速	工业总产值增速	营业收入增速	实际上缴税费总额增速	净利润增速	研发总投入增速	研发投入强度
新一代信息技术	59.52%	36.96%	10.93%	29.71%	9.59%	−1.32%	3.54%
高端装备制造	7.87%	9.42%	6.61%	4.41%	0.70%	11.30%	2.67%
新材料	6.10%	15.15%	15.15%	9.03%	17.74%	16.14%	2.05%
生物	15.25%	12.83%	14.81%	66.98%	17.72%	9.72%	4.13%
新能源汽车	5.61%	5.23%	1.64%	−0.50%	5.53%	−0.11%	3.13%
新能源	598.81%	71.70%	15.76%	38.34%	26.04%	19.47%	2.66%
节能环保	23.35%	12.90%	6.15%	7.99%	27.11%	13.52%	3.29%
数字创意	3.75%	−6.15%	−2.19%	−10.73%	−9.81%	−6.19%	5.45%
相关服务业	1.86%	13.37%	25.32%	10.88%	−4.29%	221.79%	1.11%
特色产业基地平均增速	14.94%	9.78%	20.13%	6.21%	0.18%	11.91%	1.53%

（一）新一代信息技术产业

新一代信息技术产业涉及国民经济多个行业，与新材料、新能源、高端装备制造等多个产业领域均有关联，具有科技含量高、关联效应强等特点。2021年，全国共有新一代信息技术特色产业基地51个，各基地聚焦人工智能、互联网、云计算、新型显示与电子元器件等细分领域，加速形成产业集聚，推动新一代信息技术与实体经济深度融合。基地当年共拥有企业46 191家，实现工业总产值16 162.66亿元，实际上缴税费总额777.81亿元，出口总额4180.16亿元，与上年相比，工业总产值和出口总额两项指标的增速均超过30%。技术性收入达到1199.38亿元，以占全国比重不足20%的企业数量，为全国基地贡献了超过30%的技术性收入（表2-14）。

表 2-14　2020—2021年新一代信息技术特色产业基地主要指标发展情况

主要指标	2020年	2021年	增长率	占全国同类指标比重
基地企业总数/家	28 957	46 191	59.52%	18.35%
工业总产值/亿元	11 800.78	16 162.66	36.96%	11.47%
其中：骨干企业产值/亿元	7859.23	8404.30	6.94%	10.02%
总收入/亿元	15 188.37	16 848.00	10.93%	11.92%
其中：产品销售收入/亿元	12 821.17	14 318.46	11.68%	11.83%
技术性收入/亿元	1105.71	1199.38	8.47%	30.08%
出口总额/亿元	2831.44	4180.16	47.63%	27.03%
实际上缴税费总额/亿元	599.63	777.81	29.71%	10.82%
净利润/亿元	820.68	899.42	9.59%	10.80%

1. 企业总量大幅增长，高新技术企业占比居首位

新一代信息技术特色产业基地企业总数较上年新增17 234家，同比增长59.52%，占全国基地企业总数的比例为18.35%，在各类特色产业基地中居第3位。科技型企业占比逐年增加，其中，高新技术企业达4640家，较上年新增1659家，同比增长55.65%；科技型中小企业达4654家，较上年新增1274家，同比增长37.69%。从企业收入规模来看，营业收入超10亿元的企业新增68家，达到310家，同比增长28.10%（表2-15）。

表2-15 2020—2021年新一代信息技术特色产业基地企业构成情况

单位：家

企业类型	2020年	2021年	增长率	占全国同类指标比重
基地企业总数	28 957	46 191	59.52%	18.35%
其中：高新技术企业	2981	4640	55.65%	16.80%
骨干企业	1034	1085	4.93%	10.16%
国内上市企业（不含新三板挂牌企业）	121	131	8.26%	11.04%
境外上市企业	44	47	6.82%	21.96%
新三板挂牌企业	130	188	44.62%	20.06%
科技型中小企业	3380	4654	37.69%	15.82%
营业收入超10亿元的企业	242	310	28.10%	12.82%

2. 高层次人才数量偏低，人才引进需加大力度

51个新一代信息技术特色产业基地企业从业人员为158.98万人，在各类特色产业基地中排名第三，同比增长24.71%。从学历结构来看，基地内大专及以上学历人员数量占新一代信息技术特色产业基地从业人员总数的38.54%，为61.28万人。其中，硕士和博士人员数量为55 232人，较上年新增3817人，但在基地从业人员中的占比仍处于低位。从研发人员来看，国家级创新领军人才和省级创新领军人才分别较上年新增5人和2人，增幅明显低于其他人员，表明新一代信息技术产业的高层次人才，尤其是创新领军人才的引进力度应进一步加大（表2-16）。

表2-16 2020—2021年新一代信息技术特色产业基地人员构成情况

单位：人

人员类型	2020年	2021年	增长率	占全国同类指标比重
企业从业人员	1 274 818	1 589 818	24.71%	12.26%
其中：大专及以上学历人员	585 091	612 768	4.73%	14.45%
其中：博士人员	4071	4256	4.54%	11.39%
硕士人员	47 344	50 976	7.67%	21.21%
其中：骨干企业人员	526 511	519 992	-1.24%	12.43%

续表

人员类型	2020 年	2021 年	增长率	占全国同类指标比重
其中：国家级创新领军人才	145	150	3.45%	13.82%
其中：省级创新领军人才	226	228	0.88%	8.75%
其中：基地企业研发人员	187 668	197 506	5.24%	14.68%

3. 省级研发机构持续增长，国家级机构引培力度需加大

新一代信息技术特色产业基地各类研发机构中，省级及以上重点实验室和企业技术中心大幅增加，同比分别增长21.21%和16.62%。其中，省级及以上重点实验室新增14家，国家级企业技术中心新增17家，同比分别增长21.21%和70.83%。国家重点实验室和国家工程研究中心数量保持不变，国家工程技术研究中心数量下降15.00%，由2020年的20家减少到17家（表2-17）。

表 2-17　2020—2021 年新一代信息技术特色产业基地研发机构构成情况

单位：家

研发机构类型	2020 年	2021 年	增长率	占全国同类指标比重
国家工程技术研究中心	20	17	-15.00%	7.91%
国家工程研究中心	19	19	0	13.67%
省级及以上重点实验室	66	80	21.21%	13.45%
其中：国家重点实验室	9	9	0	16.67%
省级及以上企业技术中心	331	386	16.62%	9.63%
其中：国家级企业技术中心	24	41	70.83%	10.85%

4. 服务机构快速发展，科技服务体系不断完善

新一代信息技术特色产业基地中各类创新服务机构逐步健全，机构数量实现全面增长。其中，国家级科技企业孵化器和科技部备案的众创空间数量在全国基地中处于高位，分别为76家和72家，占全国基地孵化器和众创空间的比例分别为14.37%和21.21%；金融服务机构总量虽居各类服务机构首位，但数量与上年基本持平，为381家；知识产权服务机构较上年新增44家，同比增长18.11%；产品检测检验平台较上年新增35家，同比增长16.67%（表2-18）。

表 2-18　2020—2021 年新一代信息技术特色产业基地服务机构构成情况

单位：家

服务机构类型	2020 年	2021 年	增长率	占全国同类指标比重
产品检测检验平台	210	245	16.67%	15.63%
国家级科技企业孵化器	66	76	15.15%	14.37%
科技部备案的众创空间	63	72	14.29%	21.11%

续表

服务机构类型	2020年	2021年	增长率	占全国同类指标比重
国家技术转移机构	9	10	11.11%	11.63%
金融服务机构	380	381	0.26%	8.56%
知识产权服务机构	243	287	18.11%	12.26%

5. 资金投入总量小幅下降，研发投入强度处于中位

2021年，新一代信息技术特色产业基地内企业资金总投入较上年略有下降，为1714.08亿元，降幅为1.32%。其中，各级政府用于支撑服务机构发展的公共投入稳定增长，达到82.80亿元，同比增长8.48%。基地内企业研发总投入较上年下降12.77%，企业研发投入强度比上年下降0.96个百分点，为3.54%，在各类特色产业基地中居第3位（表2-19）。

表2-19　2020—2021年新一代信息技术特色产业基地资金投入情况

单位：亿元

资金投入	2020年	2021年	增长率	占全国同类指标比重
资金总投入	1736.98	1714.08	-1.32%	12.73%
其中：用于支撑服务机构发展的公共投入	76.33	82.80	8.48%	11.83%
基地内企业研发总投入	683.81	596.47	-12.77%	15.31%
企业研发投入强度	4.50%	3.54%		

6. 软件著作权居各类基地首位，国家标准大幅增加

新一代信息技术特色产业基地内企业软件研发优势明显，全年登记的软件著作权数量较上年增加1958件，同比增长16.65%，占全国基地软件著作权总量的37.55%，居各类基地首位。制定的国家标准增幅居各类创新产出首位，同比增长27.27%，其次为行业标准，同比增长18.42%。申请国内专利为64 748件，专利授权为44 050件，其中，发明专利授权为7279件，占比为1.65%（表2-20）。

表2-20　2020—2021年新一代信息技术特色产业基地创新产出情况

创新产出	2020年	2021年	增长率	占全国同类指标比重
申请国内专利/件	61 013	64 748	6.12%	15.33%
其中：发明专利/件	21 596	22 995	6.48%	19.55%
实用新型专利/件	26 893	28 785	7.04%	12.99%
申请国外专利/件	606	500	-17.49%	11.81%
软件著作权登记/件	11 757	13 715	16.65%	37.55%
专利授权/件	40 602	44 050	8.49%	15.94%
其中：发明专利授权/件	6426	7279	13.27%	17.12%

续表

创新产出	2020年	2021年	增长率	占全国同类指标比重
制定国家标准/项	44	56	27.27%	4.84%
制定行业标准/项	76	90	18.42%	6.17%
参与制定国际标准的企业/家	23	20	-13.04%	6.87%

（二）高端装备制造产业

高端装备制造产业是衡量一个国家和地区制造业发展水平和综合竞争力的重要标志。2021年，全国共有高端装备制造特色产业基地169个，拥有企业64 947家，实现工业总产值49 439.90亿元，营业收入49 155.18亿元，净利润2535.56亿元，占全国基地净利润的30.44%（表2-21）。高端装备制造特色产业基地已成为推动全国特色产业基地高质量发展的重要支柱。

表2-21 2020—2021年高端装备制造特色产业基地主要指标发展情况

经济指标	2020年	2021年	增长率	占全国同类指标比重
基地企业总数/家	60 209	64 947	7.87%	25.80%
工业总产值/亿元	45 183.62	49 439.90	9.42%	35.08%
其中：骨干企业产值/亿元	29 533.31	32 246.55	9.19%	38.44%
总收入/亿元	46 108.84	49 155.18	6.61%	34.78%
其中：产品销售收入/亿元	38 176.41	40 008.62	4.80%	33.05%
技术性收入/亿元	1051.58	1084.33	3.11%	27.19%
出口总额/亿元	3591.21	3748.80	4.39%	24.24%
实际上缴税费总额/亿元	2064.75	2155.84	4.41%	30.00%
净利润/亿元	2517.90	2535.56	0.70%	30.44%

1. 企业规模居各产业首位，科技型企业领先全国

高端装备制造特色产业基地共有企业64 947家，占全国基地企业总数的25.80%，企业总数排名第一。其中，高新技术企业、科技型中小企业、国内上市企业和营业收入超10亿元的企业的数量均位居第一。值得一提的是，基地内高新技术企业和科技型中小企业占比均领先全国基地，占全国基地同类企业总数的比例分别为37.95%和35.25%。营业收入超10亿元的企业较上年新增46家，占全国基地同类企业总数的34.41%（表2-22）。

表 2-22 2020—2021 年高端装备制造特色产业基地企业构成情况

单位：家

企业类型	2020 年	2021 年	增长率	占全国同类指标比重
基地企业总数	60 209	64 947	7.87%	25.80%
其中：高新技术企业	9207	10 483	13.86%	37.95%
骨干企业	3615	4070	12.59%	27.80%
国内上市企业（不含新三板挂牌企业）	339	330	-2.65%	16.82%
境外上市企业	37	36	-2.70%	33.30%
新三板挂牌企业	263	312	18.63%	25.80%
科技型中小企业	8501	10 368	21.96%	35.25%
营业收入超 10 亿元的企业	786	832	5.85%	34.41%

2. 从业人员居全国第一，研发结构进一步优化

高端装备制造特色产业基地内企业从业人员总量居全国第一，达到 508.49 万人，较上年增加 3.51 万人，同比增长 0.69%，占全国基地企业从业人员总数的 39.22%。从人员结构来看，大专及以上学历人员较上年有小幅波动，博士人员小幅下降 3.33%。创新领军人才稳步增长，国家级创新领军人才增速超过省级创新领军人才。企业研发人员数量达到 49.99 万人，居各特色产业基地第 1 位，占全国基地企业研发人员总数的 37.15%（表 2-23）。

表 2-23 2020—2021 年高端装备制造特色产业基地人员构成情况

单位：人

人员类型	2020 年	2021 年	增长率	占全国同类指标比重
企业从业人员	5 049 871	5 084 938	0.69%	39.22%
其中：大专及以上学历人员	1 530 364	1 483 549	-3.06%	34.99%
其中：博士人员	9619	9299	-3.33%	24.89%
硕士人员	57 069	57 278	0.37%	23.83%
其中：骨干企业人员	1 540 317	1 556 942	1.08%	37.23%
其中：国家级创新领军人才	198	209	5.56%	19.26%
其中：省级创新领军人才	696	713	2.44%	27.35%
其中：基地企业研发人员	494 596	499 922	1.08%	37.15%

3. 研发机构总量占比较高，国家重点实验室建设提速

高端装备制造特色产业基地内各类研发机构总量在全国处于高位，省级及以上企业技术中心占比达到 40.44%，国家工程技术研究中心、国家工程研究中心占比均超过 30%。国家重点实验室新增 2 家，总数突破 10 家，同比增长 22.22%，占全国基地国家重点实验室总数的 20.37%。但从增幅来看，

国家工程技术研究中心和国家工程研究中心分别较上年减少了3家和1家，国家级企业技术中心减少了2家（表2-24）。

表2-24 2020—2021年高端装备制造特色产业基地研发机构构成情况

单位：家

研发机构类型	2020年	2021年	增长率	占全国同类指标比重
国家工程技术研究中心	72	69	-4.17%	32.09%
国家工程研究中心	43	42	-2.33%	30.22%
省级及以上重点实验室	154	174	12.99%	29.24%
其中：国家重点实验室	9	11	22.22%	20.37%
省级及以上企业技术中心	1532	1621	5.81%	40.44%
其中：国家级企业技术中心	115	113	-1.74%	29.89%

4. 创新服务机构发展提速，创业孵化步伐加快

高端装备制造特色产业基地中各类创新服务机构实现较快发展，机构总量普遍提高，其中，金融服务机构和知识产权服务机构增速明显提升，数量分别达到1152家和569家，同比分别增长23.08%和21.84%。国家级科技企业孵化器、国家技术转移机构、产品检测检验平台数量在全国同类指标中的占比均在30%左右，其中，国家级科技企业孵化器居全国各类基地首位，占比达到30.06%（表2-25）。

表2-25 2020—2021年高端装备制造特色产业基地服务机构构成情况

单位：家

服务机构类型	2020年	2021年	增长率	占全国同类指标比重
产品检测检验平台	418	425	1.67%	27.12%
国家级科技企业孵化器	155	159	2.58%	30.06%
科技部备案的众创空间	68	74	8.82%	21.70%
国家技术转移机构	23	25	8.70%	29.07%
金融服务机构	936	1152	23.08%	25.88%
知识产权服务机构	467	569	21.84%	24.32%

5. 资金投入力度加大，研发投入强度持续提高

2021年，高端装备制造特色产业基地的资金总投入呈上升趋势，同比增长11.30%，占全国基地资金总投入的28.80%。其中，用于支撑服务机构发展的公共投入虽有所减少，但在全国基地中的占比仍然高达34.77%。基地内企业研发总投入持续增加，在全国基地中居首位，占比为33.73%。企业研发投入强度持续提升，达到2.67%，较上年增长0.03个百分点（表2-26）。

表 2-26　2020—2021 年高端装备制造特色产业基地资金投入情况

单位：亿元

资金投入	2020 年	2021 年	增长率	占全国同类指标比重
资金总投入	3483.99	3877.74	11.30%	28.80%
其中：用于支撑服务机构发展的公共投入	256.89	243.36	−5.27%	34.77%
基地内企业研发总投入	1218.24	1314.23	7.88%	33.73%
企业研发投入强度	2.64%	2.67%		

6. 创新产出持续领跑，发明专利授权稳居高位

高端装备制造特色产业基地创新产出在全国各类基地中持续保持领先地位。总体来看，软件著作权登记、发明专利授权、制定国家标准表现较好，均实现了 10% 以上的增长。其中，软件著作权登记数量达到 7970 件，同比增长 20.87%；发明专利授权量同比增长 14.75%，占全国基地发明专利授权量的 39.08%。国内外专利申请量和制定行业标准数量低于预期，呈现较为明显的下降趋势。其中，申请国外专利较上年下降了 19.47%（表 2-27）。

表 2-27　2020—2021 年高端装备制造特色产业基地创新产出情况

创新产出	2020 年	2021 年	增长率	占全国同类指标比重
申请国内专利 / 件	177 010	168 756	−4.66%	39.96%
其中：发明专利 / 件	44 488	40 532	−8.89%	34.46%
实用新型专利 / 件	105 228	100 440	−4.55%	45.31%
申请国外专利 / 件	1654	1332	−19.47%	31.47%
软件著作权登记 / 件	6594	7970	20.87%	21.82%
专利授权 / 件	102 807	110 243	7.23%	39.90%
其中：发明专利授权 / 件	14 480	16 616	14.75%	39.08%
制定国家标准 / 项	379	454	19.79%	39.21%
制定行业标准 / 项	592	543	−8.28%	37.24%
参与制定国际标准的企业 / 家	93	98	5.38%	33.68%

（三）新材料产业

新材料产业是高新技术产业的先导产业，是高端装备制造产业的关键基础，也是国家综合竞争力的重要体现。2021 年，新材料特色产业基地结合区域要素资源和产业基础优势，做大新材料产业规模，提升新材料应用水平和基础支撑能力，为支撑保障制造业发展发挥了重要作用。全国 121 个新材料特色产业基地重点聚焦化工新材料、特钢新材料、冶金新材料、高分子材料等细分领域，拥有企业 47 594 家，人员总数 294.96 万人。当年实现工业总产值 37 019.91 亿元，总收入 38 850.94 亿元，净

利润 2339.23 亿元，同比增速均超过 15%（表 2-28）。

表 2-28　2020—2021 年新材料特色产业基地主要指标发展情况

经济指标	2020 年	2021 年	增长率	占全国同类指标比重
基地企业总数 / 家	44 856	47 594	6.10%	18.91%
工业总产值 / 亿元	32 149.22	37 019.91	15.15%	26.27%
其中：骨干企业产值 / 亿元	18 691.10	21 661.62	15.89%	25.82%
总收入 / 亿元	33 738.71	38 850.94	15.15%	27.49%
其中：产品销售收入 / 亿元	29 904.42	34 630.31	15.80%	28.60%
技术性收入 / 亿元	511.83	564.25	10.24%	14.15%
出口总额 / 亿元	2925.03	3146.93	7.59%	20.35%
实际上缴税费总额 / 亿元	1712.70	1867.29	9.03%	25.98%
净利润 / 亿元	1986.77	2339.23	17.74%	28.08%

1. 企业总量位居前列，科技企业增长明显

2021 年，新材料特色产业基地内共有企业 47 594 家，同比增长 6.10%，占全国基地企业总数的 18.91%，居第 2 位。科技型企业成为推动新材料产业持续健康发展的重要动力，其中，高新技术企业和科技型中小企业分别为 4701 家和 6102 家，同比分别增长 9.96% 和 13.53%，占全国同类指标的比例分别为 17.02% 和 20.75%。全国基地营业收入超 10 亿元的 2418 家企业中，新材料特色产业基地企业占比达到 27.25%，数量由上年的 591 家增长到 659 家，同比增长 11.51%。国内及境外上市企业均与上年持平，新三板招牌企业减少 5 家（表 2-29）。

表 2-29　2020—2021 年新材料特色产业基地企业构成情况

单位：家

企业类型	2020 年	2021 年	增长率	占全国同类指标比重
基地企业总数	44 856	47 594	6.10%	18.91%
其中：高新技术企业	4275	4701	9.96%	17.02%
骨干企业	2371	2551	7.59%	23.89%
国内上市企业（不含新三板挂牌企业）	302	302	0	25.44%
境外上市企业	34	34	0	15.89%
新三板挂牌企业	154	149	-3.25%	15.90%
科技型中小企业	5375	6102	13.53%	20.75%
营业收入超 10 亿元的企业	591	659	11.51%	27.25%

2. 高学历人才稳步增长，创新领军人才发展壮大

新材料特色产业基地内企业从业人员为294.96万人，较上年增加9.20万人，同比增长3.22%，占全国基地企业从业人员总数的22.75%。其中，基地企业研发人员增长明显，人员数量达到26.00万人，占新材料特色产业基地企业从业人员的8.81%，占全国基地企业研发人员总数的19.32%，居第2位。创新领军人才成为新材料特色产业基地的核心资源，占全国基地创新领军人才总数的比例超过30%。其中，国家级创新领军人才新增31人，省级创新领军人才新增92人，增幅分别为31.00%和22.94%（表2-30）。

表2-30 2020—2021年新材料特色产业基地人员构成情况

单位：人

人员类型	2020年	2021年	增长率	占全国同类指标比重
企业从业人员	2 857 617	2 949 643	3.22%	22.75%
其中：大专及以上学历人员	832 209	881 290	5.90%	20.78%
其中：博士人员	4593	4856	5.73%	13.00%
硕士人员	26 567	30 004	12.94%	12.48%
其中：骨干企业人员	916 995	992 882	8.28%	23.74%
其中：国家级创新领军人才	100	131	31.00%	12.07%
其中：省级创新领军人才	401	493	22.94%	18.91%
其中：基地企业研发人员	246 858	259 950	5.30%	19.32%

3. 研发机构均衡分布，全国占比普遍较高

各类研发机构在新材料特色产业基地的布局较为均衡，在全国研发机构中的占比普遍较高。其中，国家工程研究中心、省级及以上重点实验室和省级及以上企业技术中心在全国同类研发机构中的占比均高于15%。国家级企业技术中心从上年的75家增长到89家，新增14家。国家工程技术研究中心较上年减少1家，但在全国工程技术研究中心总量中的占比为26.51%，居第2位（表2-31）。

表2-31 2020—2021年新材料特色产业基地研发机构构成情况

单位：家

研发机构类型	2020年	2021年	增长率	占全国同类指标比重
国家工程技术研究中心	58	57	-1.72%	26.51%
国家工程研究中心	25	25	0	17.99%
省级及以上重点实验室	116	116	0	19.50%
其中：国家重点实验室	9	9	0	16.67%
省级及以上企业技术中心	917	939	2.40%	23.43%
其中：国家级企业技术中心	75	89	18.67%	23.54%

4. 知识产权服务机构数量多，金融服务机构快速增长

新材料特色产业基地内金融服务机构增长势头强劲，共有796家，新增132家，同比增长19.88%，占全国基地金融服务机构总数的17.88%。知识产权服务机构共有691家，占全国基地知识产权服务机构总数的29.53%，为新材料产业新技术新产品的研发和转化提供了重要的支撑保障。国家级科技企业孵化器和科技部备案的众创空间持续发展，专业化服务能力不断增强，助力新材料初创企业成长壮大（表2-32）。

表2-32　2020—2021年新材料特色产业基地服务机构构成情况

单位：家

服务机构类型	2020年	2021年	增长率	占全国同类指标比重
产品检测检验平台	306	328	7.19%	20.93%
国家级科技企业孵化器	117	120	2.56%	22.68%
科技部备案的众创空间	49	55	12.24%	16.13%
国家技术转移机构	22	24	9.09%	27.91%
金融服务机构	664	796	19.88%	17.88%
知识产权服务机构	624	691	10.74%	29.53%

5. 资金投入持续增加，研发投入强度有待增强

新材料特色产业基地内企业资金总投入持续增加，同比增长16.14%，达到3557.26亿元。其中，基地内企业研发总投入增幅较大，金额达到797.60亿元，较上年增加100.54亿元，同比增长14.42%。用于支撑服务机构发展的公共投入稳定增长，达到140.71亿元。从企业研发投入强度来看，2021年，新材料产业特色产业基地内企业研发投入强度为2.05%，较上年下降了0.02个百分点，低于全国特色产业基地研发投入平均强度（2.76%）0.71个百分点（表2-33）。

表2-33　2020—2021年新材料特色产业基地资金投入情况

单位：亿元

资金投入	2020年	2021年	增长率	占全国同类指标比重
资金总投入	3062.83	3557.26	16.14%	26.42%
其中：用于支撑服务机构发展的公共投入	135.49	140.71	3.85%	20.10%
基地内企业研发总投入	697.06	797.60	14.42%	20.47%
企业研发投入强度	2.07%	2.05%		

6. 专利申请授权波动较大，软件著作权增长显著

2021年，新材料特色产业基地企业研发投入产出较上年波动较大，申请国内专利、申请国外专利和专利授权量均有所下降，其中，发明专利授权量下降7.30%，表明企业发明创造的活力有所减弱。与之相反，基地内企业软件著作权登记数量较上年大幅增长，共登记5584件，增幅达到73.90%，

占全国基地软件著作权总量的15.29%。制定行业标准数量较为突出，增幅达到38.83%，为429项。参与制定国际标准的企业为105家，同比增长47.89%，占全国基地同类指标的36.08%，位居第一（表2-34）。

表2-34 2020—2021年新材料特色产业基地创新产出情况

创新产出	2020年	2021年	增长率	占全国同类指标比重
申请国内专利/件	100 064	96 838	-3.22%	22.93%
其中：发明专利/件	21 956	21 837	-0.54%	18.56%
实用新型专利/件	48 268	47 962	-0.63%	21.64%
申请国外专利/件	987	938	-4.96%	22.16%
软件著作权登记/件	3211	5584	73.90%	15.29%
专利授权/件	63 554	63 190	-0.57%	22.87%
其中：发明专利授权/件	8258	7655	-7.30%	18.00%
制定国家标准/项	235	277	17.87%	23.92%
制定行业标准/项	309	429	38.83%	29.42%
参与制定国际标准的企业/家	71	105	47.89%	36.08%

（四）生物产业

生物产业是创新最为活跃的战略性新兴产业之一。2021年，生物产业特色产业基地把握生物技术和医药产业发展新方向新趋势，坚持制造与研发并重、引进与培育相结合的发展路径，在生物制药、现代中医药、化学创新药等创新领域取得长足发展。72个生物产业特色产业基地共集聚企业18 125家，人员总数达到130.68万人，实现工业总产值16 441.97亿元，总收入17 378.95亿元，净利润1420.21亿元，盈利水平持续向好（表2-35）。

表2-35 2020—2021年生物特色产业基地主要指标发展情况

经济指标	2020年	2021年	增长率	占全国同类指标比重
基地企业总数	15 726	18 125	15.25%	7.20%
工业总产值/亿元	14 572.76	16 441.97	12.83%	11.67%
其中：骨干企业产值/亿元	8864.78	9496.41	7.13%	11.32%
总收入/亿元	15 136.71	17 378.95	14.81%	12.29%
其中：产品销售收入/亿元	13 150.88	15 145.32	15.17%	12.51%
技术性收入/亿元	552.20	688.15	24.62%	17.26%
出口总额/亿元	1098.95	1243.82	13.18%	8.04%

续表

经济指标	2020年	2021年	增长率	占全国同类指标比重
实际上缴税费总额/亿元	850.36	1419.90	66.98%	19.76%
净利润/亿元	1206.42	1420.21	17.72%	17.05%

1. 企业总量持续提升，高新技术企业快速增长

生物产业特色产业基地中，高新技术企业和科技型中小企业持续增长，合计占生物产业特色产业基地企业总数的34.85%，显示出生物产业高技术引领的显著特征。其中，高新技术企业增长最快，2021年为3124家，同比增长15.83%；科技型中小企业为3193家，同比增长11.22%。境外上市是生物企业融入全球市场、提升市场竞争力的重要方式，生物产业特色产业基地境外上市企业数量在全国各类型产业基地中占比最高，达到28.04%，为60家。营业收入超10亿元的企业新增12家，达到248家（表2-36）。

表2-36　2020—2021年生物特色产业基地企业构成情况

单位：家

企业类型	2020年	2021年	增长率	占全国同类指标比重
基地企业总数	15 726	18 125	15.25%	7.20%
其中：高新技术企业	2697	3124	15.83%	11.31%
骨干企业	1471	1636	11.22%	15.32%
国内上市企业（不含新三板挂牌企业）	246	252	2.44%	21.23%
境外上市企业	55	60	9.09%	28.04%
新三板挂牌企业	144	132	-8.33%	14.09%
科技型中小企业	2871	3193	11.22%	10.86%
营业收入超10亿元的企业	236	248	5.08%	10.26%

2. 从业人员高端化发展，人才集聚领先全国

生物产业特色产业基地内企业共有从业人员130.68万人，占全国基地从业人员的10.08%，人才结构各项指标均领先全国，高层次人才显著聚集成为生物产业特色产业基地最主要的特征。从学历层次来看，博士和硕士人员数量占全国基地同类指标的比例分别为40.32%和29.10%，遥遥领先于其他产业基地。国家级创新领军人才和省级创新领军人才数量显著增长，占全国基地同类指标的比例分别为46.82%和37.25%，均居首位（表2-37）。生物产业特色产业基地已成为生物产业高质量发展的人才高地。

表 2-37　2020—2021 年生物特色产业基地人员构成情况

单位：人

人员类型	2020 年	2021 年	增长率	占全国同类指标比重
企业从业人员	1 249 622	1 306 755	4.57%	10.08%
其中：大专及以上学历人员	602 067	638 910	6.12%	15.07%
其中：博士人员	13 778	15 064	9.33%	40.32%
硕士人员	62 671	69 948	11.61%	29.10%
其中：骨干企业人员	535 072	573 361	7.16%	13.71%
其中：国家级创新领军人才	383	508	32.64%	46.82%
其中：省级创新领军人才	770	971	26.10%	37.25%
其中：基地企业研发人员	160 364	174 152	8.60%	12.94%

3. 研发机构总量基本持平，规模增长仍需提速

生物产业特色产业基地内国家重点实验室数量快速增长，2021 年达到 14 家，同比增长 27.27%，占全国基地国家重点实验室总数的 25.93%，居第 1 位。省级及以上企业技术中心数量在各类研发机构中最多，达到 582 家，其中，国家级企业技术中心较上年新增 8 家。国家工程技术研究中心和省级及以上重点实验室数量与上年保持不变，分别为 40 家和 131 家，在全国基地同类指标中的占比均在 20% 左右（表 2-38）。

表 2-38　2020—2021 年生物特色产业基地研发机构构成情况

单位：家

研发机构类型	2020 年	2021 年	增长率	占全国同类指标比重
国家工程技术研究中心	40	40	0	18.60%
国家工程研究中心	29	32	10.34%	23.02%
省级及以上重点实验室	131	131	0	22.02%
其中：国家重点实验室	11	14	27.27%	25.93%
省级及以上企业技术中心	588	582	-1.02%	14.52%
其中：国家级企业技术中心	72	80	11.11%	21.16%

4. 金融服务机构集聚，全国占比超过四成

生物产业特色产业基地内各类创新服务机构数量基本稳定，保持在合理的增长区间。其中，产品检验检测平台新增 38 家，数量达到 395 家，同比增长 10.64%，占全国基地同类指标的 25.21%。金融服务机构表现突出，数量为 1838 家，较上年新增 113 家，数量居基地内各类创新服务机构首位，占全国基地金融服务机构总量的比例高达 41.28%。国家技术转移机构较上年略有减少（表 2-39）。

表2-39 2020—2021年生物特色产业基地服务机构构成情况

单位：家

服务机构类型	2020年	2021年	增长率	占全国同类指标比重
产品检测检验平台	357	395	10.64%	25.21%
国家级科技企业孵化器	117	118	0.85%	22.31%
科技部备案的众创空间	83	84	1.20%	24.63%
国家技术转移机构	17	16	-5.88%	18.60%
金融服务机构	1725	1838	6.55%	41.28%
知识产权服务机构	505	549	8.71%	23.46%

5. 研发投入大幅增加，公共投入有所减少

生物产业资金投入持续加大，全年资金总投入达到2434.45亿元，同比增长9.72%。其中，用于支撑服务机构发展的公共投入较上年小幅下降5.46%，基地内企业研发总投入同比增长15.43%，达到717.28亿元。生物产业特色产业基地内企业研发投入强度在全国各类产业基地中居高位，为4.13%，较上年增长了0.02个百分点（表2-40）。

表2-40 2020—2021年生物特色产业基地资金投入情况

单位：亿元

资金投入	2020年	2021年	增长率	占全国同类指标比重
资金总投入	2218.69	2434.45	9.72%	18.08%
其中：用于支撑服务机构发展的公共投入	145.59	137.64	-5.46%	19.66%
基地内企业研发总投入	621.41	717.28	15.43%	18.41%
企业研发投入强度	4.11%	4.13%		

6. 创新产出较为活跃，国家标准大幅增加

生物产业特色产业基地内企业主动适应产业发展需求，积极参与国内外标准制定，为提升行业标准和技术水平，以及生物产业核心竞争力发挥了重要作用。2021年，基地内参与制定国际标准的企业数量同比增长54.55%，制定国家标准166项，增幅为86.52%；制定行业标准192项，增幅为24.68%。基地内企业发明创造与知识产权保护意识逐渐增强，申请国外专利大幅增长，达到961件，同比增长26.78%，占全国基地国外专利申请量的22.71%；发明专利授权量同比增长20.43%，为4998件（表2-41）。

表 2-41 2020—2021 年生物产业特色产业基地创新产出情况

创新产出	2020 年	2021 年	增长率	占全国同类指标比重
申请国内专利 / 件	29 034	31 300	7.80%	7.41%
其中：发明专利 / 件	11 350	12 090	6.52%	10.28%
实用新型专利 / 件	13 747	14 191	3.23%	6.40%
申请国外专利 / 件	758	961	26.78%	22.71%
软件著作权登记 / 件	1877	2398	27.76%	6.57%
专利授权 / 件	16 507	20 010	21.22%	7.24%
其中：发明专利授权 / 件	4150	4998	20.43%	11.75%
制定国家标准 / 项	89	166	86.52%	14.34%
制定行业标准 / 项	154	192	24.68%	13.17%
参与制定国际标准的企业 / 家	11	17	54.55%	5.84%

（五）新能源汽车产业

新能源汽车是全球汽车产业转型升级、绿色发展的主要方向，也是我国汽车产业高质量发展的战略选择。随着新能源汽车整车设计、动力电池、驱动电机及电控系统等关键零部件核心技术的推广应用，新能源汽车特色产业基地不断发展壮大。2021 年，全国共有新能源汽车特色产业基地 14 个，主要集中在新能源汽车零部件、整车制造、电池制造等领域，拥有企业 1733 家，人员总数 27.95 万人，当年实现工业总产值 3636.16 亿元，总收入 3608.27 亿元，净利润 199.65 亿元（表 2-42）。

表 2-42 2020—2021 年新能源汽车特色产业基地主要指标发展情况

经济指标	2020 年	2021 年	增长率	占全国同类指标比重
基地企业总数 / 家	1641	1733	5.61%	0.69%
工业总产值 / 亿元	3455.46	3636.16	5.23%	2.58%
其中：骨干企业产值 / 亿元	2347.85	2581.66	9.96%	3.08%
总收入 / 亿元	3550.19	3608.27	1.64%	2.55%
其中：产品销售收入 / 亿元	3103.48	3167.42	2.06%	2.62%
技术性收入 / 亿元	53.99	52.91	−1.99%	1.33%
出口总额 / 亿元	279.14	279.10	−0.01%	1.80%
实际上缴税费总额 / 亿元	127.24	126.59	−0.50%	1.76%
净利润 / 亿元	189.18	199.65	5.53%	2.40%

1. 科技企业占比超七成，各项指标上升稳定

新能源汽车特色产业基地内企业总数为1733家，同比增长5.61%。其中，高新技术企业为628家，占新能源汽车特色产业基地企业总数的36.24%；科技型中小企业为602家，占比34.74%。此外，营业收入超10亿元的企业为58家，同比增长9.43%（表2-43）。总体来看，新能源汽车特色产业基地企业规模偏小，各项指标上升稳定。

表2-43　2020—2021年新能源汽车特色产业基地企业构成情况

单位：家

企业类型	2020年	2021年	增长率	占全国同类指标比重
基地企业总数	1641	1733	5.61%	0.69%
其中：高新技术企业	562	628	11.74%	2.27%
骨干企业	207	225	8.70%	2.11%
国内上市企业（不含新三板挂牌企业）	32	34	6.25%	2.86%
境外上市企业	10	10	0	4.67%
新三板挂牌企业	17	19	11.76%	2.03%
科技型中小企业	544	602	10.66%	2.05%
营业收入超10亿元的企业	53	58	9.43%	2.40%

2. 从业人员小幅增长，研发人员占比偏低

2021年，新能源汽车特色产业基地内企业从业人员为27.95万人，较上年新增1.31万人，同比增长4.92%。从人员结构来看，除国家级创新领军人才与上年持平外，基地企业研发人员、大专及以上学历人员、骨干企业人员均实现小幅增长，省级创新领军人才相对增幅较大，由上年的23人增加到26人，同比增长13.04%（表2-44）。

表2-44　2020—2021年新能源汽车特色产业基地人员构成情况

单位：人

人员类型	2020年	2021年	增长率	占全国同类指标比重
企业从业人员	266 436	279 548	4.92%	2.16%
其中：大专及以上学历人员	115 092	120 537	4.73%	2.84%
其中：博士人员	518	535	3.28%	1.43%
硕士人员	4089	4215	3.08%	1.75%
其中：骨干企业人员	122 222	129 480	5.94%	3.10%
其中：国家级创新领军人才	8	8	0	0.74%
其中：省级创新领军人才	23	26	13.04%	1.00%
其中：基地企业研发人员	31 052	31 818	2.47%	2.36%

3. 研发机构增长缓慢，企业技术中心作用突出

新能源汽车特色产业基地内各类研发机构相对较少，低于全国水平。省级及以上企业技术中心是新能源汽车特色产业基地的主要研发力量，较上年新增10家，达到104家，占新能源汽车特色产业基地研发机构总数的76.47%。省级及以上重点实验室总体布局较少，增速缓慢，较上年新增1家，为12家（表2-45）。

表2-45　2020—2021年新能源汽车特色产业基地研发机构构成情况

单位：家

研发机构类型	2020年	2021年	增长率	占全国同类指标比重
国家工程技术研究中心	4	4	0	1.86%
国家工程研究中心	4	4	0	2.88%
省级及以上重点实验室	11	12	9.09%	2.02%
其中：国家重点实验室	2	2	0	3.70%
省级及以上企业技术中心	94	104	10.64%	2.59%
其中：国家级企业技术中心	10	10	0	2.65%

4. 服务机构平稳发展，金融服务为主要力量

新能源汽车特色产业基地内各类服务机构中，科技部备案的众创空间数量有所减少，国家技术转移机构数量保持不变，国家级科技企业孵化器、知识产权服务机构和金融服务机构数量均实现小幅增长。其中，国家级科技企业孵化器达到15家，同比增长7.14%；知识产权服务机构达到65家，同比增长4.84%；金融服务机构达到81家，同比增长3.85%（表2-46）。

表2-46　2020—2021年新能源汽车特色产业基地服务机构构成情况

单位：家

服务机构类型	2020年	2021年	增长率	占全国同类指标比重
产品检测检验平台	51	52	1.96%	3.32%
国家级科技企业孵化器	14	15	7.14%	2.84%
科技部备案的众创空间	14	13	-7.14%	3.81%
国家技术转移机构	3	3	0	3.49%
金融服务机构	78	81	3.85%	1.82%
知识产权服务机构	62	65	4.84%	2.78%

5. 创新投入持续增加，研发投入强度持续提升

2021年，新能源汽车特色产业基地内企业资金总投入与上年基本持平，用于支撑服务机构发展的公共投入和基地内企业研发总投入小幅增长。其中，基地内企业研发总投入达到113.11亿元，同

比增长4.96%，占新能源汽车特色产业基地资金总投入的14.44%。企业研发投入强度不断提升，达到3.13%，比上年增长0.09个百分点，高于全国特色产业基地研发投入平均强度（2.76%）0.37个百分点（表2-47）。

表2-47　2020—2021年新能源汽车特色产业基地资金投入情况

单位：亿元

资金投入	2020年	2021年	增长率	占全国同类指标比重
资金总投入	784.16	783.32	-0.11%	5.82%
其中：用于支撑服务机构发展的公共投入	23.23	23.98	3.23%	3.43%
基地内企业研发总投入	107.76	113.11	4.96%	2.90%
企业研发投入强度	3.04%	3.13%		

6. 创新产出稳步增长，标准制定能力提升

新能源汽车特色产业基地专利申请和授权量逐年增长。从专利申请量来看，基地内企业申请国内专利18 579件，较上年新增822件，同比增长4.63%，其中，发明专利7830件，占国内专利申请量的42.14%。从专利授权量来看，基地内企业获得专利授权7647件，其中，发明专利授权1241件，占比16.23%。从标准制定来看，基地内企业制定国家标准14项，同比增长27.27%；制定行业标准39项，同比增长8.33%（表2-48）。

表2-48　2020—2021年新能源汽车特色产业基地创新产出情况

创新产出	2020年	2021年	增长率	占全国同类指标比重
申请国内专利/件	17 757	18 579	4.63%	4.40%
其中：发明专利/件	7542	7830	3.82%	6.66%
实用新型专利/件	6455	6876	6.52%	3.10%
申请国外专利/件	190	198	4.21%	4.68%
软件著作权登记/件	818	852	4.16%	2.33%
专利授权/件	7417	7647	3.10%	2.77%
其中：发明专利授权/件	1229	1241	0.98%	2.92%
制定国家标准/项	11	14	27.27%	1.21%
制定行业标准/项	36	39	8.33%	2.67%
参与制定国际标准的企业/家	4	3	-25.00%	1.03%

（六）新能源产业

加快发展新能源产业是实现碳达峰碳中和的重要路径，开发利用新能源已成为世界各国抢占能源发展战略先机的重要举措。为适应快速增长的新能源市场规模，各新能源特色产业基地瞄准清洁、低碳、

安全、高效发展目标，强化科技创新、科技企业、科技金融、科技服务的支撑作用，产业能级不断提升，新能源产业质量效益同步提升。2021年，全国共有新能源特色产业基地22个，拥有企业17 100家，从业人员62.26万人，当年工业总产值增长超七成，出口总额较上年增长超过4倍，实际上缴税费总额和净利润均实现大幅增长（表2-49）。

表2-49　2020—2021年新能源特色产业基地主要指标发展情况

经济指标	2020年	2021年	增长率	占全国同类指标比重
基地企业总数/家	2447	17 100	598.81%	6.79%
工业总产值/亿元	5805.14	9967.29	71.70%	7.07%
其中：骨干企业产值/亿元	4002.79	4992.13	24.72%	5.95%
总收入/亿元	5709.45	6609.01	15.76%	4.68%
其中：产品销售收入/亿元	5261.00	6000.14	14.05%	4.96%
技术性收入/亿元	94.06	103.44	9.97%	2.59%
出口总额/亿元	305.35	1638.17	436.49%	10.59%
实际上缴税费总额/亿元	346.34	479.11	38.34%	6.67%
净利润/亿元	314.69	396.65	26.04%	4.76%

1. 企业数量迅速增长，科技含量持续提升

新能源特色产业基地企业规模迅速扩大，总数达到17 100家，新增14 653家，同比增长598.81%。其中，科技型企业实现倍增，高新技术企业新增1372家，同比增长152.28%；科技型中小企业新增716家，同比增长119.93%；新三板挂牌企业新增53家，同比增长203.85%。基地内企业实现较好经济效益，营业收入超10亿元的企业增长到189家，新增57家，同比增长43.18%（表2-50）。

表2-50　2020—2021年新能源特色产业基地企业构成情况

单位：家

企业类型	2020年	2021年	增长率	占全国同类指标比重
基地企业总数	2447	17 100	598.81%	6.79%
其中：高新技术企业	901	2273	152.28%	8.23%
骨干企业	374	372	-0.53%	3.48%
国内上市企业（不含新三板挂牌企业）	52	68	30.77%	5.73%
境外上市企业	9	14	55.56%	6.54%
新三板挂牌企业	26	79	203.85%	8.43%
科技型中小企业	597	1313	119.93%	4.46%
营业收入超10亿元的企业	132	189	43.18%	7.82%

2. 人员规模持续扩大，高层次人才稳步增长

新能源特色产业基地内企业从业人员实现快速增长，达到62.26万人，较上年增加29.17万人，同比增长88.16%。大专及以上学历人员为16.31万人，较上年新增3504人，占新能源特色产业基地企业从业人员总数的26.19%。其中，高学历人才逐年稳步增长，新增博士人员22人，达到734人；新增硕士人员101人，达到8277人。基地企业研发人员小幅增长，达到51 121人，占新能源特色产业基地企业从业人员总数的8.21%（表2-51）。

表2-51 2020—2021年新能源特色产业基地人员构成情况

单位：人

人员类型	2020年	2021年	增长率	占全国同类指标比重
企业从业人员	330 904	622 620	88.16%	4.80%
其中：大专及以上学历人员	159 566	163 070	2.20%	3.85%
其中：博士人员	712	734	3.09%	1.96%
硕士人员	8176	8277	1.24%	3.44%
其中：骨干企业人员	193 326	185 898	-3.84%	4.44%
其中：国家级创新领军人才	53	53	0	4.88%
其中：省级创新领军人才	95	111	16.84%	4.26%
其中：基地企业研发人员	49 565	51 121	3.14%	3.80%

3. 企业技术中心增长明显，发展潜力持续增强

新能源特色产业基地内各类研发机构中，国家工程技术研究中心有所减少，国家重点实验室维持不变，其他研发机构较上年均有不同程度的增长。省级及以上企业技术中心加快发展，引领新能源产业技术创新和产业升级，2021年新增53家，总量达到236家。其中，国家级企业技术中心由上年的18家增长到34家，同比增长88.89%。国家工程研究中心持续增加，同比增长60.00%（表2-52）。

表2-52 2020—2021年新能源特色产业基地研发机构构成情况

单位：家

研发机构类型	2020年	2021年	增长率	占全国同类指标比重
国家工程技术研究中心	18	17	-5.56%	7.91%
国家工程研究中心	5	8	60.00%	5.76%
省级及以上重点实验室	30	34	13.33%	5.71%
其中：国家重点实验室	4	4	0	7.41%
省级及以上企业技术中心	183	236	28.96%	5.89%
其中：国家级企业技术中心	18	34	88.89%	8.99%

4. 知识产权需求放量，服务机构快速发展

随着新能源特色产业基地内企业创新需求日益增长，创新服务机构在提供创新创业、技术转移、科技金融、知识产权等专业化服务的同时，服务体系规模和结构不断优化，服务机构数量呈现不同程度的增长。知识产权服务机构由上年的59家增长到96家，同比增长62.71%；产品检测检验平台由42家增长到70家，同比增长66.67%；国家级科技企业孵化器增长到21家，同比增长50.00%（表2-53）。

表2-53 2020—2021年新能源特色产业基地服务机构构成情况

单位：家

服务机构类型	2020年	2021年	增长率	占全国同类指标比重
产品检测检验平台	42	70	66.67%	4.47%
国家级科技企业孵化器	14	21	50.00%	3.97%
科技部备案的众创空间	22	24	9.09%	7.04%
国家技术转移机构	4	4	0	4.65%
金融服务机构	50	57	14.00%	1.28%
知识产权服务机构	59	96	62.71%	4.10%

5. 资金投入大幅增加，研发投入占比近五成

新能源特色产业基地资金总投入、用于支撑服务机构发展的公共投入、基地内企业研发总投入均持续增加。其中，资金总投入金额达393.71亿元，较上年增加64.16亿元，同比增长19.47%；基地内企业研发总投入达176.06亿元，较上年新增32.16亿元，同比增长22.35%。企业研发投入强度较上年提高0.14个百分点，达到2.66%（表2-54）。

表2-54 2020—2021年新能源特色产业基地资金投入情况

单位：亿元

资金投入	2020年	2021年	增长率	占全国同类指标比重
资金总投入	329.55	393.71	19.47%	2.92%
其中：用于支撑服务机构发展的公共投入	13.08	13.46	2.96%	1.92%
基地内企业研发总投入	143.90	176.06	22.35%	4.52%
企业研发投入强度	2.52%	2.66%		

6. 标准制定步伐加快，发明专利快速增长

新能源特色产业基地内企业知识产权发明创新能力明显提升，各类知识产权均实现增长。其中，发明专利申请和授权量表现突出，发明专利授权量增速大于发明专利申请量，增幅分别为15.16%和10.83%，标准制定质量和数量同步增长，其中，新制定国家标准17项，行业标准18项，同比分别增长22.08%和23.68%（表2-55）。

表 2-55 2020—2021 年新能源特色产业基地创新产出情况

创新产出	2020 年	2021 年	增长率	占全国同类指标比重
申请国内专利 / 件	19 713	20 933	6.19%	4.96%
其中：发明专利 / 件	6065	6722	10.83%	5.71%
实用新型专利 / 件	10 885	10 967	0.75%	4.95%
申请国外专利 / 件	128	136	6.25%	3.21%
软件著作权登记 / 件	1193	1288	7.96%	3.53%
专利授权 / 件	10 125	10 467	3.38%	3.79%
其中：发明专利授权 / 件	1979	2279	15.16%	5.36%
制定国家标准 / 项	77	94	22.08%	8.12%
制定行业标准 / 项	76	94	23.68%	6.45%
参与制定国际标准的企业 / 家	29	20	-31.03%	6.87%

（七）节能环保产业

节能环保产业是国家鼓励发展的战略性新兴产业，节能环保企业通过技术创新降低用能成本，提升经济发展质量和效益，日益成为经济高质量发展的绿色新动能。2021 年，全国共有节能环保特色产业基地 14 个，产业发展主要面向节能环保设备、再生资源回收利用等细分领域，拥有企业 4887 家，人员总数 27.23 万人，当年实现工业总产值 3615.96 亿元，总收入 3231.11 亿元，净利润实现 27.10% 的增速，达到 280.26 亿元（表 2-56）。

表 2-56 2020—2021 年节能环保特色产业基地主要指标发展情况

经济指标	2020 年	2021 年	增长率	占全国同类指标比重
基地企业总数 / 家	3962	4887	23.35%	1.94%
工业总产值 / 亿元	3202.92	3615.96	12.90%	2.57%
其中：骨干企业产值 / 亿元	1815.98	2394.24	31.84%	2.85%
总收入 / 亿元	3043.82	3231.11	6.15%	2.29%
其中：产品销售收入 / 亿元	2719.97	2887.09	6.14%	2.38%
技术性收入 / 亿元	52.87	56.27	6.43%	1.41%
出口总额 / 亿元	172.84	208.04	20.37%	1.35%
实际上缴税费总额 / 亿元	177.08	191.22	7.99%	2.66%
净利润 / 亿元	220.50	280.26	27.10%	3.36%

1. 科技企业快速成长，占基地企业总数超过三成

节能环保特色产业基地内企业整体表现良好，企业总数达到 4887 家，新增 925 家，同比增长

23.35%。科技型企业发展步伐较快,在节能环保特色产业基地企业中占比超过三成。其中,高新技术企业达到713家,新增68家,同比增长10.54%;科技型中小企业达到921家,新增193家,同比增长26.51%。营业收入超过10亿元的企业数量为52家,同比增长18.18%(表2-57)。

表2-57 2020—2021年节能环保特色产业基地企业构成情况

单位:家

企业类型	2020年	2021年	增长率	占全国同类指标比重
基地企业总数	3962	4887	23.35%	1.94%
其中:高新技术企业	645	713	10.54%	2.58%
骨干企业	408	422	3.43%	3.95%
国内上市企业(不含新三板挂牌企业)	39	38	−2.56%	3.20%
境外上市企业	7	8	14.29%	3.74%
新三板挂牌企业	34	29	−14.71%	3.09%
科技型中小企业	728	921	26.51%	3.13%
营业收入超10亿元的企业	44	52	18.18%	2.15%

2. 从业规模稳步扩大,领军人才有待加强

节能环保特色产业基地企业从业人员为27.23万人。从人员结构看,大专及以上学历人员为9.56万人,占基地企业从业人员的比例达到35.12%;博士和硕士高学历人员小幅增长,分别为552人和5055人。基地企业研发人员达42 899人,占节能环保特色产业基地企业从业人员的15.76%。省级创新领军人才数量较上年大幅减少,降幅为45.10%(表2-58)。整体来看,节能环保特色产业基地从业人员规模稳步增长,创新领军人才培育力度仍需加大。

表2-58 2020—2021年节能环保特色产业基地人员构成情况

单位:人

人员类型	2020年	2021年	增长率	占全国同类指标比重
企业从业人员	260 082	272 276	4.69%	2.10%
其中:大专及以上学历人员	91 190	95 624	4.86%	2.26%
其中:博士人员	539	552	2.41%	1.48%
硕士人员	4864	5055	3.93%	2.10%
其中:骨干企业人员	75 122	77 982	3.81%	1.86%
其中:国家级创新领军人才	7	9	28.57%	0.83%
其中:省级创新领军人才	51	28	−45.10%	1.07%
其中:基地企业研发人员	41 353	42 899	3.74%	3.19%

3. 研发机构总量偏低，省级机构增长明显

节能环保特色产业基地内各类研发机构均有布局，但总量较少。从研发机构结构看，国家工程技术研究中心、国家工程研究中心、国家重点实验室、国家级企业技术中心数量均不足10家，其中，国家工程技术研究中心较上年减少一半，仅为4家。省级及以上重点实验室和省级及以上企业技术中心相对较多，分别为26家和84家，较上年分别增长8.33%和21.74%（表2-59）。

表2-59 2020—2021年节能环保特色产业基地研发机构构成情况

单位：家

研发机构类型	2020年	2021年	增长率	占全国同类指标比重
国家工程技术研究中心	8	4	-50.00%	1.86%
国家工程研究中心	3	5	66.67%	3.60%
省级及以上重点实验室	24	26	8.33%	4.37%
其中：国家重点实验室	1	2	100.00%	3.70%
省级及以上企业技术中心	69	84	21.74%	2.10%
其中：国家级企业技术中心	4	6	50.00%	1.59%

4. 服务机构总量偏少，服务体系有待完善

2021年，节能环保特色产业基地内服务体系发展稍显滞后，服务机构总量偏少，创新创业服务机构少于其他类型产业基地，金融服务机构和知识产权服务机构相对较多。其中，金融服务机构为91家，较上年增加12家，同比增长15.19%；知识产权服务机构为56家，较上年增加4家，同比增长7.69%。国家级科技企业孵化器和科技部备案的众创空间分别为13家和11家，均增加2家，同比分别增长18.18%和22.22%（表2-60）。

表2-60 2020—2021年节能环保特色产业基地服务机构构成情况

单位：家

服务机构类型	2020年	2021年	增长率	占全国同类指标比重
产品检测检验平台	28	26	-7.14%	1.66%
国家级科技企业孵化器	11	13	18.18%	2.46%
科技部备案的众创空间	9	11	22.22%	3.23%
国家技术转移机构	2	2	0	2.33%
金融服务机构	79	91	15.19%	2.04%
知识产权服务机构	52	56	7.69%	2.39%

5. 资金总投入实现增长，研发投入强度略有下降

节能环保特色产业基地资金总投入持续增长，金额为217.45亿元，同比增长13.52%。其中，用于支撑服务机构发展的公共投入从上年的仅4.00亿元增长到7.97亿元，同比增长99.25%。从研发投

入来看，基地内企业研发经费持续投入不足，2021年为106.18亿元，较上年下降了8.99%。节能环保特色产业基地企业研发投入强度为3.29%，较上年下降0.54个百分点，高于全国特色产业基地研发投入平均强度（2.76%）0.53个百分点（表2-61）。

表2-61 2020—2021年节能环保特色产业基地资金投入情况

单位：亿元

资金投入	2020年	2021年	增长率	占全国同类指标比重
资金总投入	191.55	217.45	13.52%	1.61%
其中：用于支撑服务机构发展的公共投入	4.00	7.97	99.25%	1.14%
基地内企业研发总投入	116.67	106.18	-8.99%	2.73%
企业研发投入强度	3.83%	3.29%		

6. 各类创新成果同步增加，国家标准大幅增长

2021年，节能环保特色产业基地各类创新成果指标均实现较快增长，共申请国内专利11 208件，较上年增加1662件，同比增长17.41%；获得专利授权5623件，较上年增加1061件，同比增长23.26%。其中，发明专利增长明显，国内发明专利申请量同比增长12.46%，发明专利授权量同比增长32.19%。制定国家标准数量增幅最快，达到37项，同比增长60.87%（表2-62）。

表2-62 2020—2021年节能环保特色产业基地创新产出情况

创新产出	2020年	2021年	增长率	占全国同类指标比重
申请国内专利/件	9546	11 208	17.41%	2.65%
其中：发明专利/件	2817	3168	12.46%	2.69%
实用新型专利/件	6111	7359	20.42%	3.32%
申请国外专利/件	45	56	24.44%	1.32%
软件著作权登记/件	291	337	15.81%	0.92%
专利授权/件	4562	5623	23.26%	2.04%
其中：发明专利授权/件	814	1076	32.19%	2.53%
制定国家标准/项	23	37	60.87%	3.20%
制定行业标准/项	35	41	17.14%	2.81%
参与制定国际标准的企业/家	3	4	33.33%	1.37%

（八）数字创意产业

数字创意产业融合了现代信息技术和文化创新产业，是人才密集、知识密集与技术密集的战略性新兴产业之一。随着国内经济平稳快速增长，数字创意产业市场空间更为广阔。2021年，全国数字创意特色产业基地仅有1个，拥有企业609家，人员总数16 800人。除企业规模有所增长外，经济

指标较上年均为负增长（表2-63）。研发机构尚未完成零的突破，创新服务机构仅有1家。各类创新产出中，基地申请国内专利19件，软件著作权登记53件。总体来看，数字创意特色产业基地尚未形成产业规模效应，技术、文化、人才与产业的融合和相互促进作用有待加强。

表2-63　2020—2021年数字创意特色产业基地主要指标发展情况

经济指标	2020年	2021年	增长率	占全国同类指标比重
基地企业总数/家	587	609	3.75%	0.24%
工业总产值/亿元	18.96	17.80	−6.15%	0.01%
其中：骨干企业产值/亿元	6.17	5.60	−9.20%	0.01%
总收入/亿元	50.46	49.35	−2.19%	0.03%
其中：产品销售收入/亿元	15.53	14.98	−3.55%	0.01%
技术性收入/亿元	27.65	25.96	−6.12%	0.65%
出口总额/亿元	0.16	0.14	−10.58%	0.00%
实际上缴税费总额/亿元	4.14	3.69	−10.73%	0.05%
净利润/亿元	9.78	8.82	−9.81%	0.11%

1. 科技型企业引领发展，企业规模仍然偏小

数字创意特色产业基地内共有企业609家，较上年新增22家。科技型企业实现稳步增长，高新技术企业和科技型中小企业分别新增2家和11家，数量分别为31家和33家。相对于其他各类型特色产业基地，数字创意特色产业基地企业规模仍然偏小，领军科技企业作用尚不突出，境外上市企业和营业收入超过10亿元的企业还未实现零的突破（表2-64）。

表2-64　2020—2021年数字创意特色产业基地企业构成情况

单位：家

企业类型	2020年	2021年	增长率	占全国同类指标比重
基地企业总数	587	609	3.75%	0.24%
其中：高新技术企业	29	31	6.90%	0.11%
骨干企业	22	23	4.55%	0.22%
国内上市企业（不含新三板挂牌企业）	2	2	0	0.17%
境外上市企业	0	0	0	0
新三板挂牌企业	2	2	0	0.21%
科技型中小企业	22	33	50.00%	0.11%
营业收入超10亿元的企业	0	0	0	0

2. 从业人员出现波动，领军人才尚属空白

数字创意特色产业基地内企业从业人员为16 800人，其中，各类人才数量普遍下滑。基地企业研发人员和骨干企业人员下降较为明显，降幅分别为8.03%和7.06%；大专及以上学历人员也有所下降，其中，博士人员下降明显，降幅为5.45%。国家级创新领军人才和省级创新领军人才尚未完成零的突破（表2-65）。

表2-65 2020—2021年数字创意特色产业基地人员构成情况

单位：人

人员类型	2020年	2021年	增长率	占全国同类指标比重
企业从业人员	17 210	16 800	−2.38%	0.13%
其中：大专及以上学历人员	15 200	15 000	−1.32%	0.35%
其中：博士人员	110	104	−5.45%	0.28%
硕士人员	511	506	−0.98%	0.21%
其中：骨干企业人员	10 609	9860	−7.06%	0.24%
其中：国家级创新领军人才	0	0	0	0
其中：省级创新领军人才	0	0	0	0
其中：基地企业研发人员	10 928	10 050	−8.03%	0.75%

3. 创新投入有所下降，研发投入强度高于全国平均水平

数字创意特色产业基地资金总投入较上年下降6.19%，为45.90亿元。其中，用于支撑服务机构发展的公共投入为0.15亿元，同比下降6.25%；基地内企业研发总投入降幅最大，同比下降10.03%，金额为2.69亿元。数字创意特色产业基地企业研发投入强度大幅高于全国特色产业基地研发投入平均强度（2.76%），为5.45%，较上年下降0.48个百分点（表2-66）。

表2-66 2020—2021年数字创意特色产业基地资金投入情况

单位：亿元

资金投入	2020年	2021年	增长率	占全国同类指标比重
资金总投入	48.93	45.90	−6.19%	0.34%
其中：用于支撑服务机构发展的公共投入	0.16	0.15	−6.25%	0.02%
基地内企业研发总投入	2.99	2.69	−10.03%	0.07%
企业研发投入强度	5.93%	5.45%		

（九）相关服务业

各类特色产业基地中，相关服务业特色产业基地为6个，占基地总数的1.26%，产业领域细分方向主要集中在电子商务、工程设计、服装设计、智慧物流等领域。2021年，相关服务业特色产业

基地拥有企业 26 239 家，人员总数 42.79 万人。基地企业当年取得较好经济效益，实现工业总产值 2166.38 亿元，同比增长 13.37%；总收入 3218.4 亿元，同比增长 25.32%；实际上缴税费总额 59.91 亿元，同比增长 10.88%；出口总额和净利润有所下降，降幅分别为 14.05% 和 4.29%（表 2-67）。

表 2-67　2020—2021 年相关服务业特色产业基地主要指标发展情况

经济指标	2020 年	2021 年	增长率	占全国同类指标比重
基地企业总数 / 家	25 759	26 239	1.86%	10.43%
工业总产值 / 亿元	1910.83	2166.38	13.37%	1.54%
其中：骨干企业产值 / 亿元	1235.89	1471.66	19.08%	1.75%
总收入 / 亿元	2568.18	3218.43	25.32%	2.28%
其中：产品销售收入 / 亿元	2296.80	2591.57	12.83%	2.14%
技术性收入 / 亿元	179.62	177.64	-1.10%	4.46%
出口总额 / 亿元	439.62	377.83	-14.05%	2.44%
实际上缴税费总额 / 亿元	54.03	59.91	10.88%	0.83%
净利润 / 亿元	159.21	152.38	-4.29%	1.83%

1. 科技型企业快速发展，中小企业占比最高

相关服务业特色产业基地内科技型企业实现较快发展，高新技术企业新增 73 家，达到 595 家，同比增长 13.98%；科技型中小企业新增 498 家，达到 1588 家，同比增长 45.69%。营业收入超 10 亿元的企业新增 8 家，达到 48 家，同比增长 20.00%（表 2-68）。

表 2-68　2020—2021 年相关服务业特色产业基地企业构成情况

单位：家

企业类型	2020 年	2021 年	增长率	占全国同类指标比重
基地企业总数	25 759	26 239	1.86%	10.43%
其中：高新技术企业	522	595	13.98%	2.15%
骨干企业	170	170	0	1.59%
国内上市企业（不含新三板挂牌企业）	23	24	4.35%	2.02%
境外上市企业	5	5	0	2.34%
新三板挂牌企业	18	18	0	1.92%
科技型中小企业	1090	1588	45.69%	5.40%
营业收入超 10 亿元的企业	40	48	20.00%	1.99%

2. 从业人员稳步增长，领军人才实现翻番

相关服务业特色产业基地内企业从业人员整体呈上升趋势，各类人才数量均实现不同程度的增长。增幅最快的为创新领军人才，国家级创新领军人才和省级创新领军人才均实现翻番。高学历人才逐年增长，博士人员新增63人，数量为1825人；硕士人员新增1747人，数量为13 280人。基地企业研发人员达到35 022人，占从业人员的比例为8.19%，持续上升趋势明显（表2-69）。

表2-69 2020—2021年相关服务业特色产业基地人员构成情况

单位：人

人员类型	2020年	2021年	增长率	占全国同类指标比重
企业从业人员	420 898	427 859	1.65%	3.30%
其中：大专及以上学历人员	148 398	153 950	3.74%	3.63%
其中：博士人员	1762	1825	3.58%	4.89%
硕士人员	11 533	13 280	15.15%	5.52%
其中：骨干企业人员	90 684	92 051	1.51%	2.20%
其中：国家级创新领军人才	6	12	100.00%	1.11%
其中：省级创新领军人才	11	25	127.27%	0.96%
其中：基地企业研发人员	31 933	35 022	9.67%	2.60%

3. 研发机构总量不多，国家工程研究中心实现增长

相关服务业特色产业基地中各类研发机构总量不多，创新资源集聚效应有待提高。国家工程研究中心和国家级企业技术中心增幅分别为100.00%和66.67%，数量分别为4家和5家。省级及以上企业技术中心和省级及以上重点实验室在促进服务业发展中发挥了重要作用，数量分别为15家和17家，同比分别增长15.38%和13.33%（表2-70）。

表2-70 2020—2021年相关服务业特色产业基地研发机构构成情况

单位：家

研发机构类型	2020年	2021年	增长率	占全国同类指标比重
国家工程技术研究中心	6	6	0	2.79%
国家工程研究中心	2	4	100.00%	2.88%
省级及以上重点实验室	15	17	13.33%	2.86%
其中：国家重点实验室	3	3	0	5.56%
省级及以上企业技术中心	13	15	15.38%	0.37%
其中：国家级企业技术中心	3	5	66.67%	1.32%

4. 服务机构发展迟缓，服务体系力量薄弱

相关服务业特色产业基地中各类创新服务机构均保持在个位数，且数量均与上年持平，未实现合理增长，表明创新服务体系发展缓慢，创新创业、技术转移、科技金融、知识产权等服务机构引进与培育力度仍需加强，有利于支撑服务体系发展完善的体制机制有待完善（表2-71）。

表2-71 2020—2021年相关服务业特色产业基地服务机构构成情况

单位：家

服务机构类型	2020年	2021年	增长率	占全国同类指标比重
产品检测检验平台	8	8	0	0.51%
国家级科技企业孵化器	4	4	0	0.76%
科技部备案的众创空间	8	8	0	2.35%
国家技术转移机构	1	1	0	1.16%
金融服务机构	8	8	0	0.18%
知识产权服务机构	6	6	0	0.26%

5. 创新投入大幅增长，研发投入强度低于全国水平

相关服务业特色产业基地资金投入整体情况良好，资金总投入实现大幅增长，金额达到238.57亿元，同比增长221.78%。其中，用于支撑服务机构发展的公共投入达到35.38亿元，较上年增加25.99亿元，同比增长276.78%；基地内企业研发总投入为35.68亿元，同比增长28.81%。相关服务业特色产业基地内企业研发投入强度为1.11%，较上年增长0.03个百分点，低于全国特色产业基地企业研发投入平均强度（2.76%）（表2-72）。

表2-72 2020—2021年相关服务业特色产业基地资金投入情况

单位：亿元

资金投入	2020年	2021年	增长率	占全国同类指标比重
资金总投入	74.14	238.57	221.78%	1.77%
其中：用于支撑服务机构发展的公共投入	9.39	35.38	276.78%	5.05%
基地内企业研发总投入	27.70	35.68	28.81%	0.92%
企业研发投入强度	1.08%	1.11%		

6. 创新产出显著增加，国外专利申请成为亮点

相关服务业特色产业基地创新产出整体呈发展态势，除国内发明专利申请和制定国家标准数量外，各项产出指标均实现不同程度的增长。国外专利申请成为亮点，新增18件，增长26.87%，达到85件；国内专利申请量和授权量同步增长，分别新增620件和363件，达到7961件和6823件，其中，发明专利授权量为1015件，占专利授权量的14.88%（表2-73）。

表 2-73 2020—2021 年相关服务业特色产业基地创新产出情况

创新产出	2020 年	2021 年	增长率	占全国同类指标比重
申请国内专利 / 件	7341	7961	8.45%	1.89%
其中：发明专利 / 件	2023	1943	−3.95%	1.65%
实用新型专利 / 件	3427	3880	13.22%	1.75%
申请国外专利 / 件	67	85	26.87%	2.01%
软件著作权登记 / 件	3582	4253	18.73%	11.64%
专利授权 / 件	6460	6823	5.62%	2.47%
其中：发明专利授权 / 件	997	1015	1.81%	2.39%
制定国家标准 / 项	13	13	0	1.12%
制定行业标准 / 项	19	21	10.53%	1.44%
参与制定国际标准的企业 / 家	18	20	11.11%	6.87%

第三篇　国家火炬软件产业基地

党的二十大报告提出,加快发展数字经济,促进数字经济和实体经济深度融合,打造具有国际竞争力的数字产业集群。2021年,国家火炬软件产业基地(简称"软件产业基地")在习近平新时代中国特色社会主义思想的指引下,按照"十四五"规划纲要总体部署,通过发挥政策优势,整合科技创新资源,优化创新创业环境,完善科技服务体系,激发软件企业创新潜能,推动关键核心技术突破,实现了软件产业高质量、集约化发展,为推进信息化与工业化深度融合、促进产业转型升级和转变经济社会发展方式发挥了重要作用。

一、总体情况

截至2021年年底，全国共有软件产业基地44家。根据对上报有效数据的43家软件产业基地的统计[①]，企业总数超过11.68万家，各项经济指标稳定增长，实现营业收入6.78万亿元，出口总额达到6366.33亿元。全年实现净利润6767.30亿元，同比增长18.68%；实际上缴税费总额3113.88亿元，同比增长20.80%（表3-1）。整体来看，软件产业基地呈现持续向好的发展态势，为助力我国软件产业高质量发展、促进区域经济转型升级发挥了重要作用。

表3-1 2020—2021年软件产业基地发展总体情况

经济指标	2020年	2021年	增长率
基地总数/个	44	44	0
企业总数/家	107 302	116 899	8.94%
营业收入/亿元	58 866.24	67 843.93	15.25%
出口总额/亿元	5812.75	6366.33	9.52%
净利润/亿元	5701.97	6767.30	18.68%
实际上缴税费总额/亿元	2577.79	3113.88	20.80%

---

① 2021年的统计数据中，与2020年的同比数据均来自上报有效数据的43家软件产业基地。

二、区域布局

全国大部分省、自治区、直辖市和计划单列市已布局软件产业基地,江苏、山东两省数量较多,东部地区占比超过 50%,长三角一体化地区基地数量居各国家战略区域之首,五大国家战略区域基地数量合计占全国基地总数的比例超过六成。

(一)各地区分布

除海南、西藏等少数地区外,软件产业基地在全国 31 个地区均已布局,但总量呈现整体偏低的特征。江苏软件产业基地数量居全国首位,为 7 个;山东居第 2 位,为 4 个;北京、辽宁、吉林、广东均为 2 个,其他 25 个地区分布相对均衡,均为 1 个(表 3-2)。

表 3-2 各地区软件产业基地数量分布

单位:个

地区	数量	地区	数量
江苏	7	广西	1
山东	4	重庆	1
北京	2	四川	1
辽宁	2	贵州	1
吉林	2	云南	1
广东	2	陕西	1
天津	1	甘肃	1
河北	1	大连	1
山西	1	宁波	1
内蒙古	1	厦门	1
黑龙江	1	青岛	1
上海	1	深圳	1
浙江	1	海南	0
安徽	1	西藏	0
福建	1	青海	0
江西	1	宁夏	0

续表

地区	数量	地区	数量
河南	1	新疆	0
湖北	1	新疆生产建设兵团	0
湖南	1		

总计：44

（二）4类区域分布

按照4类区域划分，东部地区以江苏为龙头，软件产业基地数量遥遥领先，占基地总数的54.54%，为24个；西部地区共有软件产业基地8个，占基地总数的18.18%；东北地区共有软件产业基地6个，占基地总数的13.64%，其中辽宁和吉林均为2个；中部地区共有软件产业基地6个，占基地总数的13.64%（图3-1）。

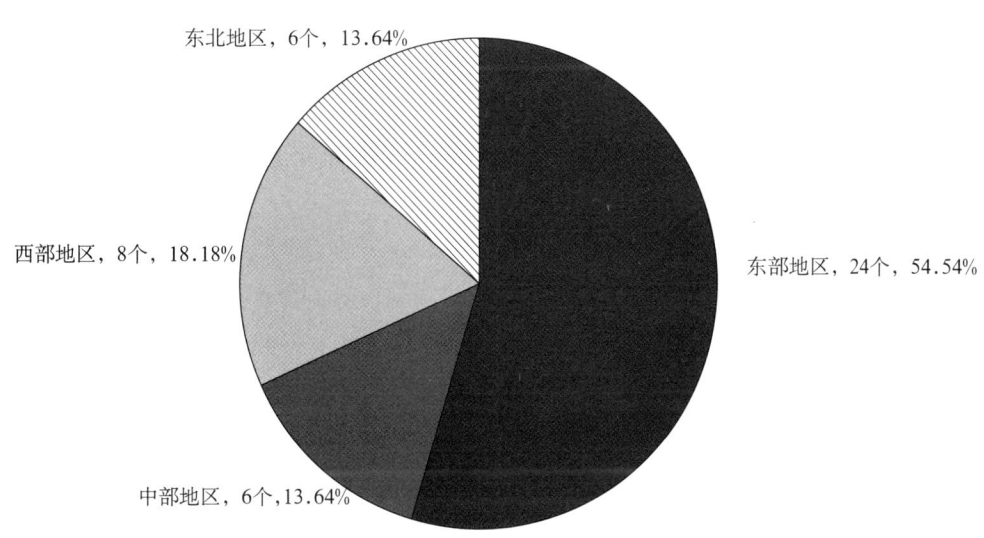

图3-1　4类区域软件产业基地数量分布

（三）国家战略区域分布

软件产业基地在京津冀地区、长三角一体化地区、粤港澳大湾区、成渝经济圈、东北全面振兴区域等国家战略区域均有布局，共有27个，占基地总数的61.36%。各国家战略区域软件产业基地数量差距较大，长三角一体化地区共有软件产业基地11个，占基地总数的25.00%；东北全面振兴区域共有软件产业基地7个，占基地总数的15.91%（表3-3）。

表 3-3 国家战略区域软件产业基地数量分布

国家战略区域	数量/个
京津冀地区	4
长三角一体化地区	11
粤港澳大湾区	3
成渝经济圈	2
东北全面振兴区域	7
总计	27

三、产业发展情况

进入"十四五"以来,党中央、国务院高度重视软件产业发展,继2020年出台《国务院关于印发新时期促进集成电路产业和软件产业高质量发展若干政策的通知》(国发〔2020〕8号)后,2021年,工业和信息化部出台《"十四五"软件和信息技术服务业发展规划》,提出了加快实施国家软件发展战略,不断提升软件产业创新活力,坚持补短板、锻长板,夯实产业发展基础的战略部署,软件和信息技术产业发展环境进一步优化,为软件企业技术创新与产业化营造了良好生态,软件产业向更高层次、更高质量迈进。

(一)基础建设

软件产业基地基础建设规模保持稳定。2021年,在产业转型升级需求迫切、工业用地不足的大背景下,软件产业基地的基础建设规模保持稳中有升,规划用地面积为25 027.73万平方米,现有用地面积为15 070.12万平方米,现有建筑面积为9252.54万平方米,现有孵化面积为2517.80万平方米,均较上年小幅增长。其中,现有建筑面积增长相对较快,同比增长2.26%,表明软件产业基地的自身发展需求和空间承载能力进一步提升(表3-4)。

表3-4 2020—2021年软件产业基地基础建设情况

单位:万平方米

指标	2020年	2021年	增长率
规划用地面积	24 941.67	25 027.73	0.36%
现有用地面积	14 981.74	15 070.12	0.59%
现有建筑面积	9047.74	9252.54	2.26%
现有孵化面积	2512.19	2517.80	0.23%

(二)企业构成

软件产业基地企业数量与质量同步提升。2021年,软件产业基地企业总数再创新高,达到116 899家,同比增长8.94%。其中,厦门软件园增长尤为突出,同比增长31.32%,达到9224家。高新技术企业、科技型中小企业等科技型高成长企业,以及营业收入1亿元及以上的企业数量增幅均超过10%(表3-5)。软件产业基地成为软件企业和高成长型科技企业茁壮成长的沃土。

表 3-5　2020—2021 年软件产业基地企业构成情况

单位：家

企业类型	2020 年	2021 年	增长率
企业总数	107 302	116 899	8.94%
其中：营业收入 10 亿元（含）以上的领军企业	640	735	14.84%
其中：软件企业	67 264	73 694	9.56%
其中：高新技术企业	19 945	23 069	15.66%
其中：科技型中小企业	19 882	22 720	14.27%
其中：在孵企业	20 951	23 318	11.30%
其中：上市软件企业	1212	1283	5.86%
其中：营业收入 ≥ 1 亿元的企业	3446	4225	22.61%
其中：1000 万元 ≤ 营业收入 <1 亿元的企业	12 870	18 375	42.77%
其中：营业收入 <1000 万元的企业	50 948	51 094	0.29%

1. 领军企业持续发展壮大

在软件产业基地的 116 899 家企业中，营业收入 10 亿元（含）以上的领军企业达到 735 家，同比增长 14.84%，平均每家软件产业基地拥有 17 家。深圳软件园、上海软件园、杭州软件园、中关村软件园、西安软件园等 21 家软件产业基地中营业收入 10 亿元（含）以上的领军企业快速发展壮大，较上年增长均超过 5 家。

2. 软件企业引领专业化发展方向

2021 年，软件产业基地中从事软件开发与信息技术服务的软件企业达到 73 694 家，同比增长 9.56%，占软件产业基地企业总数的 63.04%，为软件产业基地贡献了 68.02% 的营业收入，成为引领软件产业基地专业化、高端化发展的核心力量。软件企业中，营业收入小于 1000 万元的企业占比最多，为 51 094 家；营业收入 1 亿元及以上的企业达到 4225 家，同比增长 22.61%，占软件企业总数的 5.73%；上市软件企业数量较上年增加 71 家，同比增长 5.86%，达到 1283 家。

3. 高成长科技企业示范带动作用突出

2021 年，软件产业基地中科技企业显著增加，其中，高新技术企业较上年增加 3124 家，达到 23 069 家，占企业总数的 19.73%；科技型中小企业增加 2838 家，达到 22 720 家，占企业总数的 19.44%。高新技术企业以科技创新为引领，带动软件产业基地提质增效作用突出，成为提升软件产业基地技术创新能力和核心竞争力的主力军。

4. 在孵企业积蓄巨大发展潜能

软件产业基地适应新一代信息技术产业发展需求，强化完善创业孵化链条，加大众创空间、孵化器、加速器建设力度，优化专业服务和精准支持，有效配置科技创新资源，营造良好创新创业生态，培育孵化软件产业创业企业和初创团队取得明显成效。2021 年，软件产业基地在孵企业达到 23 318 家，较上年增加 2367 家，同比增长 11.30%，软件产业基地可持续发展潜能显著增强。

（三）人员构成

软件产业是知识密集、人才密集型产业。软件产业基地持续增强人才是第一资源的优势，加强软件产业专业化人才培养，加快高端人才引进，软件产业就业规模持续扩大，高层次软件专业技术人才集聚，人才结构不断优化，智力密集、人才密集特征不断凸显，为软件产业基地抢占新一代信息技术产业制高点提供了强大支撑（表 3-6）。

表 3-6 2020—2021 年软件产业基地从业人员构成情况

单位：万人

从业人员	2020 年	2021 年	增长率
从业人员总数	420.60	468.35	11.35%
博士人员	4.46	4.93	10.54%
硕士人员	47.95	53.09	10.72%
本科学历人员	264.71	294.51	11.26%
软件从业人员总数	340.03	358.12	5.32%
具有 5 年及以上软件从业经验的人员	103.20	117.35	13.71%
软件研发人员	187.37	193.23	3.13%

1. 就业人员规模再创新高

随着互联网产业和新一代信息技术的高速发展，软件产业基地迎来新的发展机遇，就业形势呈现持续向好的发展态势，从业人员总数和增量再创新高。2021 年，软件产业基地从业人员总数达到 468.35 万人，新增 47.75 万人，同比增长 11.35%。其中，软件从业人员总数达到 358.12 万人，占基地从业人员总数的 76.46%；新增软件从业人员 18.09 万人，同比增长 5.32%。

2. 高层次人才基础持续稳固

软件产业基地中高层次人才数量不断扩大，其中，硕士人员为 53.09 万人，较上年新增 5.14 万人，占基地从业人员总数的 11.34%；本科学历人员为 294.51 万人，较上年新增 29.80 万人，占基地从业人员总数的 62.88%，占基地当年总人数增量的 62.41%；博士人员占基地从业人员总数的 1.05%，为 4.93 万人。软件产业基地人才集聚特征明显，人才结构日趋合理。

3. 软件从业人员占比不断攀升

2021 年，软件产业基地从业人员中具有 5 年及以上软件从业经验的人员为 117.35 万人，新增 14.15 万人，占软件从业人员总数的 32.77%，同比增长 13.71%，增速居各类从业人员首位。其中，软件研发人员达到 193.23 万人，占软件从业人员的 53.96%，新增 5.86 万人。软件产业基地瞄定产业发展特色，不断强化专业化人才支撑，持续提升产业发展内生动力，以软件产业高端人才支撑软件产业高质量发展，软件从业人员规模发展空间巨大。

（四）创新投入

2021年，受新冠肺炎疫情和国内外经济形势下行压力加大等因素影响，软件产业基地科技活动活跃程度较上年有所减弱，经费筹集总额和经费支出总额略有下降。但从研发投入强度来看，软件产业基地创新动力不降反升，研发经费总支出和软件研发经费支出均实现快速增长（表3-7）。

表3-7　2020—2021年科技活动经费筹集与支出情况

单位：亿元

指标	2020年	2021年	增长率
营业收入	58 866.24	67 843.93	15.25%
科技活动经费筹集总额	6170.48	5874.60	-4.80%
其中：企业资金总额	4655.42	4141.54	-11.04%
其中：金融机构贷款总额	480.33	571.61	19.00%
其中：政府部门资金总额	377.19	425.54	12.82%
科技活动经费支出总额	6088.07	5932.69	-2.55%
其中：研发经费总支出	3656.05	4352.46	19.05%
其中：软件研发经费支出	2976.73	3315.38	11.38%

1. 科技活动经费筹集总额有所下降

2021年，软件产业基地共筹集科技活动经费5874.60亿元，其中，金融机构贷款总额为571.61亿元，占比9.73%；政府部门资金总额为425.54亿元，占比7.24%。金融机构和政府部门强势支持软件产业科技创新活动的趋势明显，资金投入同比分别增长19.00%和12.82%。企业在经济下行压力明显的大趋势下，降低经营成本，缩减经费支出，来自企业的科技活动资金为4141.54亿元，出现11.04%的负增长。整体来看，软件产业基地科技活动经费筹集总额同比下降4.80%，科技活动经费支出总额同比下降2.55%。

2. 研发经费支出逆势上升

研发经费持续稳定投入是软件产业基地可持续发展的重要保障。2021年，软件产业基地内企业持续发展科技第一生产力，增强创新第一动力，以科技创新支撑主导产业发展的现实需求不断增长，研发经费支出与科技活动经费支出形成鲜明对比，实现逆势上扬。全年研发经费总支出达到4352.46亿元，实现19.05%的高速增长。其中，软件研发经费支出为3315.38亿元，占科技活动经费支出总额的55.88%，同比增长11.38%。

（五）创新产出

软件产业基地深入实施创新驱动发展战略，发挥优惠政策与创新资源叠加优势，多措并举支持企业技术创新和产业转型升级，产业承接与转化能力不断增强，科技成果不断涌现，知识产权创造能力持续提升，软件企业成为软件产业发展的排头兵（表3-8）。

表 3-8　2020—2021年软件产业基地创新产出情况

指标	2020年	2021年	增长率
承担国家级科技和产业化项目/项	1790	1973	10.22%
承担地方级科技和产业化项目/项	12 611	14 294	13.35%
拥有软件著作权登记/件	517 118	663 413	28.29%
拥有有效发明专利/件	256 849	261 969	1.99%

1. 产业化项目承接能力不断增强

各地区加大产业发展支持力度，积极出台支持软件产业发展的政策措施，引导企业提升产业项目承接和转化能力，软件产业基地核心竞争力不断增强。2021年，软件产业基地内企业共承担国家级科技和产业化项目1973项，承担地方级科技和产业化项目14 294项，同比分别增长10.22%和13.35%。数据表明，软件产业基地已成为国家和地方科技项目落地转化和产业化的重要载体，成为支撑区域经济高质量发展的产业高地。

2. 知识产权创新创造能力持续提升

各级政府持续赋能软件产业基地企业，尤其是地方政府对软件企业的支持力度和强度持续加大，为软件企业提供了更为广阔的发展空间，使得软件企业在提升产业承载能力的同时，知识产权创造能力也显著提升。2021年，软件产业基地内企业共拥有软件著作权登记66.34万件，同比增长28.29%；拥有有效发明专利26.20万件，同比增长1.99%。软件产业基地为服务区域产业发展需求和经济社会发展贡献了科技力量。

（六）经济产出

软件产业基地经过多年发展，产业规模和经济总量逐年增加。2021年，软件产业基地延续了"十四五"开局的良好发展势头，经济产出逐年增加，各项经济指标表现良好，营业收入和软件收入同步快速增长，软件出口能力显著提升，助力服务贸易结构优化和高质量发展。

1. 营业收入占GDP的比例稳步上升

2021年，软件产业基地做大做强软件和信息技术主导产业，全年实现营业收入6.78万亿元，同比增长15.25%，占所在地区国内生产总值（GDP）的比例从2020年的5.79%提高到2021年的5.93%，上升了0.14个百分点，表现出软件产业强劲的发展势头（图3-2）。

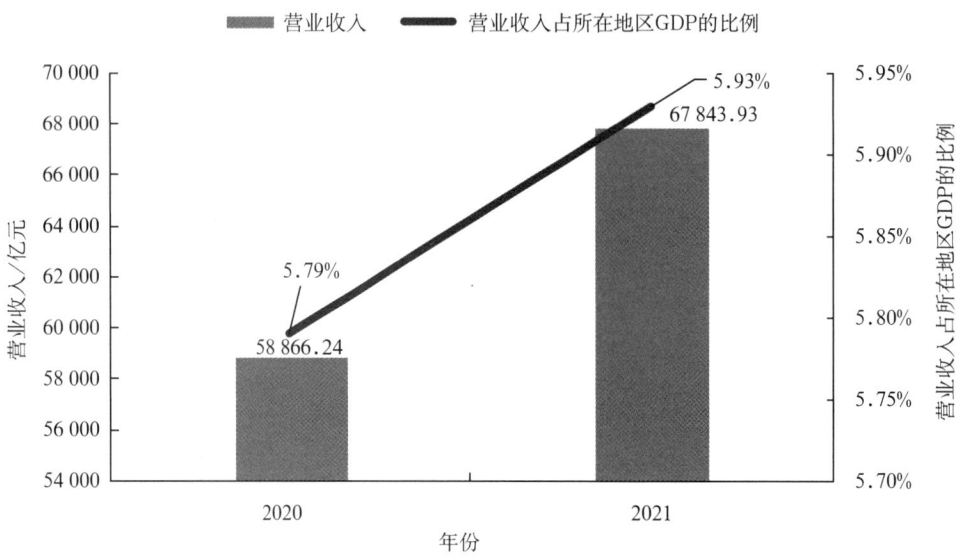

图3-2 2020—2021年软件产业基地营业收入及占所在地区GDP的比例

2. 软件业务收入为全国软件收入贡献近五成

软件产业基地发展水平居全国领先地位，为引领全国软件和信息技术产业发展发挥着重要作用。2021年，软件产业基地软件业务收入达到46 147.20亿元，占基地营业收入的68.02%，占全国软件业务收入[①]的48.58%（图3-3）。其中，自主版权软件收入达到25 030.23亿元，同比增长14.58%，占软件业务收入的比例达到54.24%。

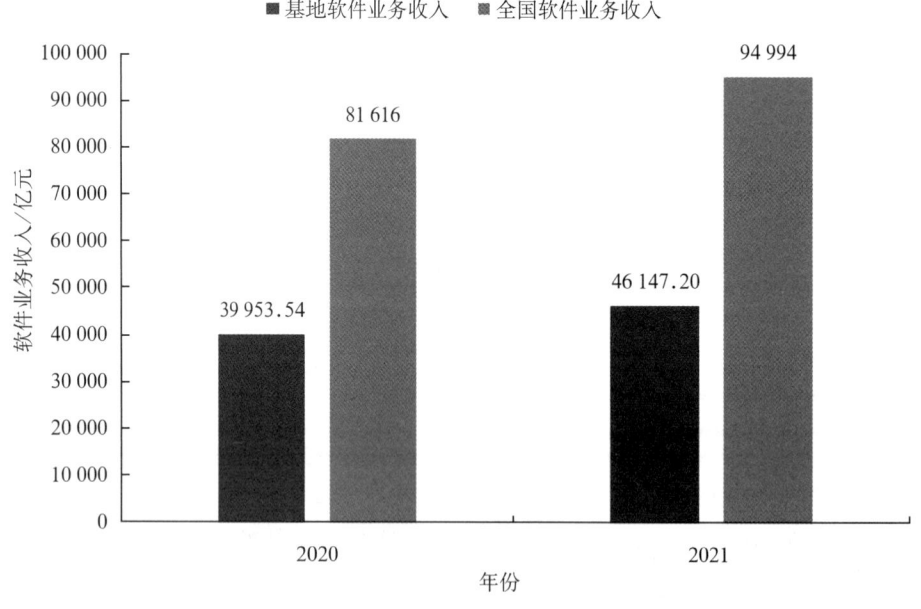

图3-3 2020—2021年软件产业基地软件业务收入及全国软件业务收入

---

① 据工业和信息化部《2021年软件和信息技术服务业统计公报》，2021年全国软件业务收入94 994亿元；《2020年软件和信息技术服务业统计公报》，2020年全国软件业务收入81 616亿元。

3. 软件出口竞争力持续增强

2021年，我国服务贸易继续保持快速增长态势，服务出口增长动能强劲。软件产业基地出口贸易继续保持上年度快速增长势头，出口总额达到6366.33亿元，同比增长9.52%。其中，软件出口总额为3053.00亿元，占基地出口总额的47.96%，同比增长11.27%。数据表明，软件产业基地对外服务能力正在大幅提升，国际竞争力显著增强，在我国服务贸易中发挥着越来越重要的作用。

附 表

附表1 4类区域创新型产业集群数量分布：按战略性新兴产业划分

单位：个

战略性新兴产业	东部地区	中部地区	西部地区	东北地区	总计
新一代信息技术	16	6	5	3	30
高端装备制造	20	14	3	3	40
新材料	7	4	6	3	20
生物	17	4	7	3	31
新能源汽车	3	3	2	0	8
新能源	6	1	2	0	9
节能环保	2	1	2	0	5
数字创意	1	0	1	0	2
相关服务业	1	1	0	0	2
总计	73	34	28	12	147

附表2 4类区域创新型产业集群数量分布：按高新技术领域划分

单位：个

高新技术领域	东部地区	中部地区	西部地区	东北地区	总计
电子信息	17	6	5	4	32
生物与新医药	17	4	7	3	31
航空航天		1	1		2
新材料	7	4	6	3	20
高技术服务	1	1	1		3
新能源与节能	9	4	6		19
资源与环境	1	1			2
先进制造与自动化	21	13	2	2	38
总计	73	34	28	12	147

附表3 国家战略区域创新型产业集群数量分布：按战略性新兴产业划分

单位：个

国家战略区域	新一代信息技术	高端装备制造	新材料	生物	新能源汽车	新能源	节能环保	数字创意	相关服务业	总计
京津冀地区	3	3	1	3		2				12
粤港澳大湾区	3	5		3	1		1			13
长三角一体化地区	6	5	5	4	3	2	1	1	1	28
成渝经济圈	3	2	1	1				1		8
东北全面振兴区域	3	3	4	3						13

附表 4　国家战略区域创新型产业集群数量分布：按高新技术领域划分

单位：个

国家战略区域	电子信息	生物与新医药	航空航天	新材料	高技术服务	新能源与节能	资源与环境	先进制造与自动化	总计
京津冀地区	3	3		1		2		3	12
粤港澳大湾区	3	3				2		5	13
长三角一体化地区	7	4		5	1	4	1	6	28
成渝经济圈	3	1	1		1	1		1	8
东北全面振兴区域	4	3		4				2	13

附表 5　2020—2021 年创新型产业集群主要指标同比情况

主要指标	单位	2020 年	2021 年	增长率
集群企业总数	家	25 953	34 856	34.30%
其中：高新技术企业	家	11 881	16 469	38.62%
集群人员总数	人	4 308 204	5 379 244	24.86%
其中：大专及以上学历人员	人	2 677 247	3 207 909	19.82%
研发机构总数	个	6074	8097	33.31%
省级及以上重点实验室	个	358	521	45.53%
企业技术中心	个	2151	2803	30.31%
新型产业技术研发机构	个	350	529	51.14%
国家工程研究中心	个	108	126	16.67%
省级及以上工程技术研究中心	个	1277	1715	34.30%
国家工程实验室	个	79	99	25.32%
院士工作站	个	275	367	33.45%
创新服务机构总数	个	2443	3484	42.61%
其中：国家级科技企业孵化器	个	299	352	17.73%
科技部备案的众创空间	个	358	432	20.67%
国家技术转移机构	个	106	132	24.53%
具有国家级资质的产品检验检测机构	个	136	204	50.00%
金融服务机构总数	个	2287	3139	37.25%
其他服务机构总数	个	1619	2568	58.62%
产业联盟组织数	个	379	534	40.90%
研发人员合计	人	1 161 926	1 307 384	12.52%

续表

主要指标	单位	2020年	2021年	增长率
研发费用支出	万元	16 137 191.88	32 948 417.92	104.18%
当年申请发明专利	件	108 411	130 460	20.34%
当年申请欧美日专利	件	5090	6082	19.49%
当年授权发明专利	件	40 425	61 796	52.87%
当年授权欧美日专利	件	4138	3863	−6.65%
拥有有效发明专利	件	240 541	333 470	38.63%
拥有境外授权专利	件	37 894	38 632	1.95%
当年形成国际标准	项	85	222	161.18%
当年形成国家或行业标准	项	1071	1735	62.00%
当年获得国家科技奖励	项	79	59	−25.32%
工业总产值	万元	470 322 514.94	653 454 325.01	38.94%
营业收入	万元	626 182 913.70	868 002 019.28	38.62%
出口总额	万元	86 208 174.74	126 391 157.05	46.61%
净利润	万元	57 117 604.94	75 569 656.16	32.31%
实际上缴税费总额	万元	29 949 566.27	38 156 952.98	27.40%

附表6 创新型产业集群企业类型：按战略性新兴产业划分

单位：家

战略性新兴产业	集群企业总数	其中：高新技术企业	其中：营业收入超过1亿元小于10亿元的企业	营业收入超过10亿元的企业	其中：境外控股企业	其中：拥有科技机构的企业	其中：上市企业（不含新三板挂牌企业）	新三板挂牌企业	其中：在孵企业	毕业企业
新一代信息技术	12 638	6740	1683	546	901	3155	283	309	3085	1395
高端装备制造	7797	3290	1366	247	272	2483	126	111	1832	946
新材料	2697	717	369	82	54	754	53	45	855	266
生物	5897	2243	749	178	376	1683	132	114	2129	1077
新能源汽车	1043	686	365	71	126	730	50	32	494	153
新能源	1232	729	243	100	79	282	39	46	447	209
节能环保	969	244	87	25	16	655	25	21	215	142
数字创意	1685	1222	152	24	143	341	13	42	303	171
相关服务业	898	598	143	22	12	124	21	50	293	105
总计	34 856	16 469	5157	1295	1979	10 207	742	770	9653	4464

附表 7　创新型产业集群人员类型：按战略性新兴产业划分

单位：人

战略性新兴产业	集群人员总数	其中：大专及以上学历人员	其中：硕士人员	其中：博士人员	其中：留学回国人员	其中：集群日常管理机构人员
新一代信息技术	2 071 602	1 463 118	189 001	17 410	22 826	883
高端装备制造	1 241 206	555 245	36 697	3829	3823	9673
新材料	308 277	98 734	5931	1157	890	3330
生物	789 271	435 799	60 137	7909	5467	7894
新能源汽车	272 740	118 522	5019	629	1031	5116
新能源	228 493	135 746	10 399	797	388	503
节能环保	76 288	45 715	3752	785	304	582
数字创意	262 291	249 652	23 573	1602	3355	12 020
相关服务业	129 076	105 378	13 950	1060	2978	88
总计	5 379 244	3 207 909	348 459	35 178	41 062	40 089

附表 8　创新型产业集群经济指标情况：按战略性新兴产业划分

单位：万元

战略性新兴产业	工业总产值	营业收入	其中：技术收入	出口总额	净利润	实际上缴税费总额	当年获得的风险投资额	其中：科技企业孵化器在孵企业当年获得风险投资额
新一代信息技术	198 738 919.33	349 972 708.47	73 106 993.81	81 855 698.77	31 268 909.12	12 972 151.72	6 908 878.81	683 671.20
高端装备制造	162 106 236.14	185 013 865.35	5 976 861.75	9 802 301.45	14 234 060.53	7 004 076.35	534 982.06	118 176.02
新材料	71 168 012.14	75 001 146.15	1 129 619.95	4 657 987.43	4 807 876.33	3 382 740.72	212 734.90	53 041.60
生物	95 811 450.72	107 832 714.53	3 776 315.05	9 824 283.50	11 736 886.40	6 239 686.68	489 404.63	293 236.90
新能源汽车	52 760 279.81	51 610 945.45	505 784.95	3 898 636.00	2 497 997.10	1 399 459.35	168 688.50	52 609.00
新能源	35 898 642.18	41 873 579.96	827 880.44	4 248 417.64	4 020 792.53	3 437 878.53	45 100.90	11 929.80
节能环保	13 339 163.68	11 081 991.66	286 372.16	847 912.66	1 351 013.46	1 015 226.43	9813.70	3551.80
数字创意	22 698 891.80	38 577 804.50	8 946 560.60	11 047 438.40	4 970 886.20	2 331 187.60	560 029.00	82 514.76
相关服务业	932 729.20	7 037 263.10	5 073 121.50	208 481.20	681 234.50	374 545.60	137 300.00	29 063.10
总计	653 454 325.01	868 002 019.28	99 629 510.21	126 391 157.05	75 569 656.16	38 156 952.98	9 066 932.49	1 327 794.17

附表9 创新型产业集群科技活动情况一：按战略性新兴产业划分

战略性新兴产业	研发人员合计/人	研发费用支出/万元	当年申请发明专利/件	其中：申请国内发明专利/件	当年申请欧美日专利/件	当年授权发明专利/件	其中：授权国内发明专利/件	当年授权欧美日专利/件	拥有有效发明专利/件	拥有境外授权专利/件
新一代信息技术	622 086	19 560 892.84	75 377	55 231	3477	42 362	32 813	2897	213 487	31 907
高端装备制造	239 230	4 078 561.90	16 849	14 901	256	5891	5067	220	35 955	1804
新材料	42 703	1 514 222.88	3431	3166	92	1859	1618	38	9852	200
生物	144 116	2 552 294.84	9445	7979	682	3565	2851	221	30 437	2102
新能源汽车	40 813	1 247 025.74	8531	8447	159	1276	1267	17	11 176	266
新能源	69 505	885 079.10	6604	4613	315	2089	1386	128	10 739	581
节能环保	15 718	109 357.83	1289	1111	11	334	313	3	1886	34
数字创意	90 768	2 488 820.00	6524	5461	973	2997	2694	243	14 178	1417
相关服务业	42 445	512 162.80	2410	2234	117	1423	1300	96	5760	321
总计	1 307 384	32 948 417.92	130 460	103 143	6082	61 796	49 309	3863	333 470	38 632

附表10 创新型产业集群科技活动情况二：按战略性新兴产业划分

战略性新兴产业	拥有注册商标/件	其中：当年注册商标/件	其中：境外注册商标/件	拥有软件著作权/件	其中：当年获得软件著作权/件	拥有集成电路布图设计专有权/件	其中：当年获得集成电路布图设计专有权/件	当年形成国际标准/项	当年形成国家或行业标准/项	当年获得国家科技奖励/项	认定登记的技术合同数/项	认定登记的技术合同成交金额/万元
新一代信息技术	137 118	21 924	11 881	181 901	36 917	3700	776	48	741	30	38 793	10 664 540.15
高端装备制造	26 850	3466	1196	24 192	3749	411	96	24	402	12	5201	2 042 245.78
新材料	4006	422	132	2841	505	85	18	3	148	2	759	303 680.62
生物	37 272	6075	1962	9431	1859	29	11	130	189	9	3392	887 147.65
新能源汽车	37 090	1426	938	1880	700	47	8	2	56	2	395	457 754.50
新能源	7541	498	2693	4788	667	36	5	7	107	1	688	178 437.17
节能环保	1415	131	6	527	53	79	5	1	13	0	1429	67 890.10
数字创意	15 357	1788	301	41 512	7011	359	93	7	54	0	3777	1 511 106.50
相关服务业	12 860	2398	259	15 776	2739	543	81	0	25	3	2257	971 856.30
总计	279 509	38 128	19 368	282 848	54 200	5289	1093	222	1735	59	56 691	17 084 658.77

附表 11 创新型产业集群创新服务机构类型：按战略性新兴产业划分

单位：个

战略性新兴产业	创新服务机构	科技企业孵化器	其中：国家级科技企业孵化器	众创空间	其中：科技部备案的众创空间	生产力促进中心	技术转移机构	其中：国家技术转移机构	产品检验检测机构	其中：具有国家级资质的产品检验检测机构
新一代信息技术	1278	384	104	476	180	38	211	49	169	66
高端装备制造	770	279	100	179	99	35	141	34	136	33
新材料	252	81	26	62	28	24	47	7	38	15
生物	729	215	79	167	75	46	153	24	148	76
新能源汽车	133	43	12	27	11	10	26	4	27	7
新能源	122	39	10	54	20	4	17	5	8	3
节能环保	47	15	8	19	5	3	4	0	6	2
数字创意	103	76	8	4	4	1	22	6	0	0
相关服务业	50	24	5	10	10	2	8	3	6	2
总计	3484	1156	352	998	432	163	629	132	538	204

附表 12 创新型产业集群研发机构情况：按战略性新兴产业划分

单位：个

战略性新兴产业	研发机构	研究院所	省级及以上重点实验室	企业技术中心	新型产业技术研发机构	博士后科研工作站	各类大学	国家工程研究中心	省级及以上工程技术研究中心	国家工程实验室	外资研发机构	院士工作站
新一代信息技术	2851	251	151	1076	180	222	75	33	598	34	157	74
高端装备制造	2181	169	104	749	166	208	102	34	454	24	30	141
新材料	661	53	39	279	27	37	23	22	132	12	3	34
生物	1511	92	187	373	97	117	128	24	353	22	44	74
新能源汽车	471	43	12	200	34	46	18	2	81	1	16	18
新能源	212	14	16	76	8	14	15	7	42	4	2	14
节能环保	100	9	4	12	6	8	2	1	51		1	6
数字创意	68	9	5	22	1	3	1		4	2	19	2
相关服务业	42	3	3	16	10		3	3				4
总计	8097	643	521	2803	529	655	367	126	1715	99	272	367

附表 13　创新型产业集群金融和其他服务机构情况：按战略性新兴产业划分

单位：个

战略性新兴产业	金融服务机构	创业风险投资机构	担保公司	小额贷款公司	科技金融服务机构	其他服务机构	技工学校	人才服务机构	知识产权服务机构
新一代信息技术	1172	557	113	125	377	848	67	346	435
高端装备制造	715	282	122	128	183	607	214	173	220
新材料	197	55	47	35	60	187	40	49	98
生物	719	354	102	99	164	629	58	257	314
新能源汽车	130	69	21	14	26	171	13	78	80
新能源	71	30	13	16	12	45	7	9	29
节能环保	23	6	4	6	7	15	2	3	10
数字创意	78	19	10	13	36	31		2	29
相关服务业	34	13	2	8	11	35		12	23
总计	3139	1385	434	444	876	2568	401	929	1238

附表 14　创新型产业集群企业类型：按高新技术领域划分

单位：家

高新技术领域	集群企业总数	其中：高新技术企业	其中：营业收入超过1亿元小于10亿元的企业	营业收入超过10亿元的企业	其中：境外控股企业	其中：拥有科技机构的企业	其中：上市企业（不含新三板挂牌企业）	新三板挂牌企业	其中：在孵企业	毕业企业
电子信息	13 369	6849	1710	548	903	3247	288	311	3233	1498
生物与新医药	5897	2243	749	178	376	1683	132	114	2129	1077
航空航天	151	65	23	6	1	84	2	2	45	23
新材料	2697	717	369	82	54	754	53	45	855	266
高技术服务	2290	1802	283	45	153	465	33	92	571	186
新能源与节能	2285	1431	619	166	174	937	85	79	936	419
资源与环境	710	127	42	11	12	629	19	17	175	82
先进制造与自动化	7457	3235	1362	259	306	2408	130	110	1709	913
总计	34 856	16 469	5157	1295	1979	10 207	742	770	9653	4464

附表15　创新型产业集群人员类型：按高新技术领域划分

单位：人

高新技术领域	集群人员总数	其中：大专及以上学历人员	其中：硕士人员	其中：博士人员	其中：留学回国人员	其中：集群日常管理机构人员
电子信息	2 129 103	1 510 095	191 180	18 163	23 573	12 925
生物与新医药	789 271	435 799	60 137	7909	5467	7894
航空航天	34 928	15 517	2581	243	65	571
新材料	308 277	98 734	5931	1157	890	3330
高技术服务	348 367	316 030	35 523	1962	5633	108
新能源与节能	487 452	226 212	10 947	1313	1439	6111
资源与环境	34 699	28 539	3096	691	284	82
先进制造与自动化	1 247 147	576 983	39 064	3740	3711	9068
总计	5 379 244	3 207 909	348 459	35 178	41 062	40 089

附表16　创新型产业集群经济指标情况：按高新技术领域划分

单位：万元

高新技术领域	工业总产值	营业收入	其中：技术收入	出口总额	净利润	实际上缴税费总额	当年获得的风险投资额	其中：科技企业孵化器在孵企业当年获得风险投资额
电子信息	204 810 586.63	357 505 776.57	75 615 594.51	82 530 667.27	31 714 598.92	13 289 275.72	6 908 878.81	683 671.19
生物与新医药	95 811 450.72	107 832 714.73	3 776 315.05	9 824 283.50	11 736 886.40	6 239 686.68	489 404.63	293 236.90
航空航天	4 286 821.70	4 457 212.47	183 851.10	419 385.90	277 330.52	62 698.70	8400.00	400.00
新材料	71 168 012.14	75 001 146.15	1 129 619.95	4 657 987.43	4 807 876.33	3 382 740.72	212 734.90	53 041.60
高技术服务	18 331 621.00	38 968 267.50	11 519 682.10	10 655 919.60	5 252 120.70	2 425 733.20	697 329.00	111 577.86
新能源与节能	85 614 906.08	91 085 321.78	1 406 482.19	7 255 803.81	6 253 692.98	4 732 708.81	211 751.60	64 538.80
资源与环境	6 644 176.19	3 966 407.10	144 340.56	320 795.00	530 754.90	72 646.50	9813.70	3551.80
先进制造与自动化	166 786 750.56	189 185 172.98	5 853 624.75	10 726 314.54	14 996 395.41	7 951 462.65	528 619.86	117 776.02
总计	653 454 325.01	868 002 019.28	99 629 510.21	126 391 157.05	75 569 656.16	38 156 952.98	9 066 932.49	1 327 794.17

附表17 创新型产业集群科技活动情况一：按高新技术领域划分

高新技术领域	研发人员合计/人	研发费用支出/万元	当年申请发明专利/件	其中：申请国内发明专利/件	当年申请欧美日专利/件	当年授权发明专利/件	其中：授权国内发明专利/件	当年授权欧美日专利/件	拥有有效发明专利/件	拥有境外授权专利/件
电子信息	642 558	19 565 440.24	76 541	56 395	3489	42 908	33 349	2900	218 797	31 908
生物与新医药	144 116	2 552 294.84	9445	7979	682	3565	2851	221	30 437	2102
航空航天	8915	39 577.64	477	477	0	184	184	5	749	4
新材料	42 703	1 514 222.88	3431	3166	92	1859	1618	38	9852	200
高技术服务	113 213	3 000 982.80	7834	6595	1078	3920	3504	336	14 938	1738
新能源与节能	100 369	1 831 401.66	13 893	12 272	426	2383	2104	114	18 126	688
资源与环境	10 245	104 914.50	717	686	6	282	269	3	1246	34
先进制造与自动化	245 265	4 339 583.36	18 122	15 573	309	6695	5430	246	39 325	1958
总计	1 307 384	32 948 417.92	130 460	103 143	6082	61 796	49 309	3863	333 470	38 632

附表18 创新型产业集群科技活动情况二：按高新技术领域划分

高新技术领域	拥有注册商标/件	其中：当年注册商标/件	其中：境外注册商标/件	拥有软件著作权/件	其中：当年获得软件著作权/件	拥有集成电路布图设计专有权/件	其中：当年获得集成电路布图设计专有权/件	当年形成国际标准/项	当年形成国家或行业标准/项	当年获得国家科技奖励/项	认定登记的技术合同项数/项	认定登记的技术合同成交金额/万元
电子信息	137 318	21 924	11 881	182 259	36 959	3705	776	48	753	30	38 804	10 667 559.05
生物与新医药	37 272	6075	1962	9431	1859	29	11	130	189	9	3392	887 147.65
航空航天	447	74	1	322	62	55	30	0	8	0	100	33 540.51
新材料	4006	422	132	2841	505	85	18	3	148	2	759	303 680.62
高技术服务	28 017	4186	560	57 098	9750	897	174	7	79	3	6034	2 482 962.80
新能源与节能	45 000	1924	3535	5413	1184	83	13	6	127	3	2257	651 629.17
资源与环境	664	116	5	381	23	79	5	1	7	0	173	44 282.40
先进制造与自动化	26 785	3407	1292	25 103	3858	356	66	27	424	12	5172	2 013 856.57
总计	279 509	38 128	19 368	282 848	54 200	5289	1093	222	1735	59	56 691	17 084 658.77

附表19 创新型产业集群创新服务机构类型：按高新技术领域划分

单位：个

高新技术领域	创新服务机构	科技企业孵化器	其中：国家级科技企业孵化器	众创空间	其中：科技部备案的众创空间	生产力促进中心	技术转移机构	其中：国家技术转移机构	产品检验检测机构	其中：具有国家级资质的产品检验检测机构
电子信息	1287	391	105	476	180	39	212	50	169	66
生物与新医药	729	215	79	167	75	46	153	24	148	76
航空航天	11	4	2	1	1	2	2	1	2	1
新材料	252	81	26	62	28	24	47	7	38	15
高技术服务	150	97	13	14	14	3	30	9	6	2
新能源与节能	266	87	24	89	32	15	41	7	34	10
资源与环境	28	6	4	10	3	2	4		6	2
先进制造与自动化	761	275	99	179	99	32	140	34	135	32
总计	3484	1156	352	998	432	163	629	132	538	204

附表20 创新型产业集群研发机构情况：按高新技术领域划分

单位：个

高新技术领域	研发机构	研究院所	省级及以上重点实验室	企业技术中心	新型产业技术研发机构	博士后科研工作站	各类大学	国家工程研究中心	省级及以上工程技术研究中心	国家工程实验室	外资研发机构	院士工作站
电子信息	2928	258	151	1114	180	227	76	34	613	34	167	74
生物与新医药	1511	92	187	373	97	117	128	24	353	22	44	74
航空航天	69	4	4	41	3	3	5	1	5			3
新材料	661	53	39	279	27	37	23	22	132	12	3	34
高技术服务	95	12	8	33	11	3	4	3	4	2	9	6
新能源与节能	688	60	26	279	42	54	33	5	137	5	18	29
资源与环境	52	5	2	4	5	8	1		21		1	5
先进制造与自动化	2093	159	104	680	164	206	97	37	450	24	30	142
总计	8097	643	521	2803	529	655	367	126	1715	99	272	367

附表 21 创新型产业集群金融和其他服务机构情况：按高新技术领域划分

单位：个

高新技术领域	金融服务机构	创业风险投资机构	担保公司	小额贷款公司	科技金融服务机构	其他服务机构	技工学校	人才服务机构	知识产权服务机构
电子信息	1180	559	115	128	378	851	67	348	436
生物与新医药	719	354	102	99	164	629	58	257	314
航空航天	21	9	3	3	6	27	4	12	11
新材料	197	55	47	35	60	187	40	49	98
高技术服务	112	32	12	21	47	66	0	14	52
新能源与节能	196	97	34	30	35	211	20	85	106
资源与环境	21	6	3	5	7	13	2	3	8
先进制造与自动化	693	273	118	123	179	584	210	161	213
总计	3139	1385	434	444	876	2568	401	929	1238

附表 22 创新型产业集群企业类型：按 4 类区域划分

单位：家

区域	集群企业总数	其中：高新技术企业	其中：营业收入超过 1 亿元小于 10 亿元的企业	营业收入超过 10 亿元的企业	其中：境外控股企业	其中：拥有科技机构的企业	其中：上市企业（不含新三板挂牌企业）	新三板挂牌企业	其中：在孵企业	毕业企业
东部地区	20 603	9555	2999	866	1381	6664	456	451	5325	2573
中部地区	5840	2555	1029	162	56	1550	143	158	2041	851
西部地区	4853	2690	770	197	263	1454	100	97	1181	603
东北地区	3560	1669	359	70	279	539	43	64	1106	437
总计	34 856	16 469	5157	1295	1979	10 207	742	770	9653	4464

附表 23 创新型产业集群人员类型：按 4 类区域划分

单位：人

区域	集群人员总数	其中：大专及以上学历人员	其中：硕士人员	其中：博士人员	其中：留学回国人员	其中：集群日常管理机构人员
东部地区	3 160 981	1 893 278	223 306	21 166	28 279	20 039
中部地区	921 425	436 717	32 619	3289	2317	7728
西部地区	884 821	565 660	49 868	3660	5192	11 017
东北地区	412 017	312 254	42 666	7063	5274	1305
总计	5 379 244	3 207 909	348 459	35 178	41 062	40 089

附表 24　创新型产业集群经济指标情况：按 4 类区域划分

单位：万元

区域	工业总产值	营业收入	其中：技术收入	出口总额	净利润	实际上缴税费总额	当年获得的风险投资额	其中：科技企业孵化器在孵企业当年获得风险投资额
东部地区	374 034 021.29	549 618 398.21	77 894 103.82	68 918 466.43	50 090 459.02	24 646 174.41	7 529 836.29	713 518.12
中部地区	130 833 557.23	130 782 348.33	5 083 384.79	16 896 440.71	9 400 715.36	4 150 093.55	792 437.23	494 966.42
西部地区	122 952 044.08	150 206 041.32	12 461 875.35	36 835 127.30	13 836 557.21	6 957 982.97	708 827.87	114 386.03
东北地区	25 634 702.40	37 395 231.41	4 190 146.25	3 741 122.61	2 241 924.57	2 402 702.05	35 831.10	4923.60
总计	653 454 325.01	868 002 019.28	99 629 510.21	126 391 157.05	75 569 656.16	38 156 952.98	9 066 932.49	1 327 794.17

附表 25　创新型产业集群科技活动情况一：按 4 类区域划分

区域	研发人员合计/人	研发费用支出/万元	当年申请发明专利/件	其中：申请国内发明专利/件	当年申请欧美日专利/件	当年授权发明专利/件	其中：授权国内发明专利/件	当年授权欧美日专利/件	拥有有效发明专利/件	拥有境外授权专利/件
东部地区	875 754	23 495 979.41	91 217	69 264	4119	48 069	37 404	3257	255 756	34 819
中部地区	184 904	2 493 556.96	18 509	16 444	145	5182	4590	66	31 498	454
西部地区	174 594	5 697 418.87	12 947	10 917	1511	5233	4349	310	29 671	2285
东北地区	72 132	1 261 462.69	7787	6518	307	3312	2966	230	16 545	1074
总计	1 307 384	32 948 417.92	130 460	103 143	6082	61 796	49 309	3863	333 470	38 632

附表 26　创新型产业集群科技活动情况二：按 4 类区域划分

区域	拥有注册商标/件	其中：当年注册商标/件	其中：境外注册商标/件	拥有软件著作权/件	其中：当年获得软件著作权/件	拥有集成电路布图设计专有权/件	其中：当年获得集成电路布图设计专有权/件	当年形成国际标准/项	当年形成国家或行业标准/项	当年获得国家科技奖励/项	认定登记的技术合同项数/项	认定登记的技术合同成交金额/万元
东部地区	189 990	29 099	17 308	188 824	36 049	3834	797	67	1104	33	18 610	9 167 943.42
中部地区	12 189	1835	166	24 152	3555	253	68	10	220	21	3990	1 545 897.07
西部地区	70 172	6215	1666	51 950	9388	606	155	142	325	5	18 858	3 258 033.41
东北地区	7158	979	228	17 922	5208	596	73	3	86	0	15 233	3 112 784.87
总计	279 509	38 128	19 368	282 848	54 200	5289	1093	222	1735	59	56 691	17 084 658.77

附表 27　创新型产业集群创新服务机构类型：按 4 类区域划分

单位：个

区域	创新服务机构	科技企业孵化器	其中：国家级科技企业孵化器	众创空间	其中：科技部备案的众创空间	生产力促进中心	技术转移机构	其中：国家技术转移机构	产品检验检测机构	其中：具有国家级资质的产品检验检测机构
东部地区	1902	645	198	608	287	60	285	66	304	112
中部地区	561	179	65	115	52	48	123	15	96	27
西部地区	666	254	64	151	54	35	137	34	89	48
东北地区	355	78	25	124	39	20	84	17	49	17
总计	3484	1156	352	998	432	163	629	132	538	204

附表 28　创新型产业集群研发机构情况：按 4 类区域划分

单位：个

区域	研发机构	研究院所	省级及以上重点实验室	企业技术中心	新型产业技术研发机构	博士后科研工作站	各类大学	国家工程研究中心	省级及以上工程技术研究中心	国家工程实验室	外资研发机构	院士工作站
东部地区	4537	354	263	1448	277	409	181	49	1120	42	220	174
中部地区	1315	68	73	502	71	83	75	29	264	19	6	125
西部地区	1422	180	109	519	114	104	67	30	194	29	28	48
东北地区	823	41	76	334	67	59	44	18	137	9	18	20
总计	8097	643	521	2803	529	655	367	126	1715	99	272	367

附表 29　创新型产业集群金融和其他服务机构类型：按 4 类区域划分

单位：个

区域	金融服务机构	创业风险投资机构	担保公司	小额贷款公司	科技金融服务机构	其他服务机构	技工学校	人才服务机构	知识产权服务机构
东部地区	1806	856	201	238	511	1478	229	609	640
中部地区	443	111	80	79	173	339	57	123	159
西部地区	568	249	103	90	126	379	69	82	228
东北地区	322	169	50	37	66	372	46	115	211
总计	3139	1385	434	444	876	2568	401	929	1238

附表30 创新型产业集群企业情况：按国家战略区域划分

单位：家

国家战略区域	集群企业总数	其中：高新技术企业	其中：营业收入超过1亿元小于10亿元的企业	营业收入超过10亿元的企业	其中：境外控股企业	其中：拥有科技机构的企业	其中：上市企业（不含新三板挂牌企业）	新三板挂牌企业	其中：在孵企业	毕业企业
京津冀地区	4548	2410	455	145	168	915	104	66	1397	1093
粤港澳大湾区	5193	2904	874	358	630	2039	141	141	814	277
长三角一体化地区	6463	2787	1191	241	443	2832	174	160	2333	754
成渝经济圈	2143	1646	374	88	198	688	36	54	520	135
东北全面振兴区域	3635	1724	385	78	279	608	56	74	1143	475

附表31 创新型产业集群人员类型：按国家战略区域划分

单位：人

国家战略区域	集群人员总数	其中：大专及以上学历人员	其中：硕士人员	其中：博士人员	其中：留学回国人员	其中：集群日常管理机构人员
京津冀地区	464 937	288 848	46 509	7799	6937	372
粤港澳大湾区	1 014 064	667 270	86 014	4187	9935	2505
长三角一体化地区	1 111 346	632 132	61 149	6715	7903	12 858
成渝经济圈	409 786	295 573	29 784	1875	3478	3691
东北全面振兴区域	449 330	317 295	43 774	7267	5521	1951

附表32 创新型产业集群经济指标情况：按国家战略区域划分

单位：万元

国家战略区域	工业总产值	营业收入	其中：技术收入	出口总额	净利润	实际上缴税费总额	当年获得的风险投资额	其中：科技企业孵化器在孵企业当年获得风险投资额
京津冀地区	38 676 602.46	117 816 182.85	16 683 667.74	4 936 890.92	10 703 431.31	5 147 805.39	4 953 405.50	152 939.10
粤港澳大湾区	117 121 351.41	182 910 952.37	45 292 242.12	32 738 755.72	16 471 188.31	7 219 088.85	1 046 903.02	66 066.72
长三角一体化地区	157 435 642.65	172 795 539.26	11 902 511.12	24 648 287.81	14 868 630.14	7 912 452.04	1 627 503.62	790 010.40
成渝经济圈	45 559 076.55	63 577 924.81	7 116 431.92	19 983 834.05	6 589 487.68	3 039 323.77	582 790.50	87 810.76
东北全面振兴区域	34 995 158.60	46 796 757.71	4 461 805.55	4 945 440.81	3 113 194.07	3 078 300.25	36 831.10	4923.60

附表 33　创新型产业集群科技活动情况一：按国家战略区域划分

国家战略区域	研发人员合计/人	研发费用支出/万元	当年申请发明专利/件	其中：申请国内发明专利/件	当年申请欧美日专利/件	当年授权发明专利/件	其中：授权国内发明专利/件	当年授权欧美日专利/件	拥有有效发明专利/件	拥有境外授权专利/件
京津冀地区	181 956	2 470 963.92	18 102	14 154	431	11 488	7542	318	48 320	1285
粤港澳大湾区	278 448	11 950 588.21	42 587	29 103	2694	21 954	18 331	2116	123 300	29 493
长三角一体化地区	287 240	6 089 207.91	29 101	25 101	695	12 492	9633	639	69 342	2411
成渝经济圈	100 148	3 394 269.44	7797	6349	1438	3581	2914	280	16 896	1598
东北全面振兴区域	75 097	1 289 157.19	8281	6996	307	3496	3144	233	17 278	1086

附表 34　创新型产业集群科技活动情况二：按国家战略区域划分

国家战略区域	拥有注册商标/件	其中：当年注册商标/件	境外注册商标/件	拥有软件著作权/件	其中：当年获得软件著作权/件	拥有集成电路布图设计专有权/件	其中：当年获得集成电路布图设计专有权/件	当年形成国际标准/项	当年形成国家或行业标准/项	当年获得国家科技奖励/项	认定登记的技术合同项数/项	认定登记的技术合同成交金额/万元
京津冀地区	32 079	6252	2978	37 759	12 583	100	40	29	180	6	1653	1 009 585.14
粤港澳大湾区	85 368	12 184	9785	68 687	10 673	1718	366	12	447	4	6119	3 669 917.51
长三角一体化地区	35 029	5870	2536	34 712	5962	1373	255	17	339	17	4680	3 944 391.86
成渝经济圈	22 552	2825	404	44 889	8016	433	133	137	131	0	4662	1 708 081.70
东北全面振兴区域	7363	1046	290	18 270	5306	596	73	3	115	0	15 261	3 113 223.37

附表35 创新型产业集群创新服务机构情况：按国家战略区域划分

单位：个

国家战略区域	创新服务机构	科技企业孵化器	其中：国家级科技企业孵化器	众创空间	其中：科技部备案的众创空间	生产力促进中心	技术转移机构	其中：国家技术转移机构	产品检验检测机构	其中：具有国家级资质的产品检验检测机构
京津冀地区	418	120	38	152	66	28	63	6	55	20
粤港澳大湾区	552	212	59	231	89	8	57	16	44	22
长三角一体化地区	629	233	73	140	71	28	89	30	139	45
成渝经济圈	266	123	12	43	14	8	57	13	35	11
东北全面振兴区域	372	84	28	131	46	21	86	18	50	17

附表36 创新型产业集群研发机构情况：按国家战略区域划分

单位：个

国家战略区域	研发机构	研究院所	省级及以上重点实验室	企业技术中心	新型产业技术研发机构	博士后科研工作站	各类大学	国家工程研究中心	省级及以上工程技术研究中心	国家工程实验室	外资研发机构	院士工作站
京津冀地区	757	43	95	248	40	109	27	9	124	13	11	38
粤港澳大湾区	1557	126	53	468	62	82	35	8	586	15	108	14
长三角一体化地区	1554	135	72	489	113	176	67	29	314	10	68	81
成渝经济圈	538	41	31	200	58	61	26	5	74	9	14	19
东北全面振兴区域	865	44	82	348	68	61	47	19	149	9	18	20

附表37 创新型产业集群金融和其他服务机构情况：按国家战略区域划分

单位：个

国家战略区域	金融服务机构	创业风险投资机构	担保公司	小额贷款公司	科技金融服务机构	其他服务机构	技工学校	人才服务机构	知识产权服务机构
京津冀地区	254	69	39	67	79	331	10	194	127
粤港澳大湾区	367	231	47	48	41	189	14	56	119
长三角一体化地区	864	401	77	91	295	655	172	253	230
成渝经济圈	160	44	29	37	50	163	16	39	108
东北全面振兴区域	334	172	52	43	67	383	54	117	212

附表 38　国家战略区域特色产业基地数量分布：按战略性新兴产业划分

单位：个

国家战略区域	新一代信息技术	高端装备制造	新材料	生物	新能源汽车	节能环保	数字创意	相关服务业	其他	总计
京津冀地区	4	7	7	1				2		23
粤港澳大湾区	4	7	5					1	1	18
长三角一体化地区	25	78	51	26	9	10		2	2	216
成渝经济圈	1	3	2	2		1				9
东北全面振兴区域	3	14	5	9	1		1			34

附表 39　国家战略区域特色产业基地数量分布：按高新技术领域划分

单位：个

战略区域	电子信息	生物与新医药	航空航天	新材料	高技术服务	新能源与节能	资源与环境	先进制造与自动化	其他	总计
京津冀地区	4	1		7	2	3		6		23
粤港澳大湾区	4			5	1			7	1	18
长三角一体化地区	24	26		51	3	15	7	88	2	216
成渝经济圈	1	2		2			1	3		9
东北全面振兴区域	3	9		5	2	2		13		34

附表 40　2020—2021 年特色产业基地主要指标同比情况

主要指标	2020 年	2021 年	增长率
基地内企业数 / 家	205 254	251 689	22.62%
其中：高新技术企业 / 家	22 232	27 623	24.25%
骨干企业 / 家	9768	10 679	9.33%
国内上市企业（不含新三板挂牌企业）/ 家	1169	1187	1.54%
境外上市企业 / 家	202	214	5.94%
新三板挂牌企业 / 家	799	937	17.27%
科技型中小企业 / 家	23 537	29 414	24.97%
营业收入超 10 亿元的企业 / 家	2142	2418	12.89%
企业从业人员 / 人	12 222 703	12 965 633	6.08%
其中：大专及以上学历人员 / 人	4 151 256	4 240 458	2.15%
其中：博士人员 / 人	35 829	37 358	4.27%
硕士人员 / 人	223 651	240 374	7.48%

续表

主要指标	2020年	2021年	增长率
其中：骨干企业人员 / 人	4 044 374	4 182 302	3.41%
其中：国家级创新领军人才 / 人	905	1085	19.89%
其中：省级创新领军人才 / 人	2287	2607	13.99%
其中：基地企业研发人员 / 人	1 293 371	1 345 641	4.04%
国家工程技术研究中心 / 个	227	215	−5.29%
国家工程研究中心 / 个	130	139	6.92%
省级及以上重点实验室 / 个	551	595	7.99%
其中：国家重点实验室 / 个	49	54	10.20%
省级及以上企业技术中心 / 个	3776	4008	6.14%
其中：国家级企业技术中心 / 个	321	378	17.76%
产品检测检验平台 / 个	1438	1567	8.97%
国家级科技企业孵化器 / 个	501	529	5.59%
科技部备案的众创空间 / 个	316	341	7.91%
国家技术转移机构 / 个	81	86	6.17%
金融服务机构 / 个	3950	4452	12.71%
知识产权服务机构 / 个	2036	2340	14.93%
行业组织 / 个	966	1031	6.73%
资金总投入 / 万元	121 118 673	134 650 971	11.17%
其中：用于支撑服务机构发展的公共投入 / 万元	676 7781	6 999 998	3.43%
基地内企业研发总投入 / 万元	36 529 281	38 959 891	6.65%
专利授权 / 件	258 826	276 296	6.75%
其中：发明专利授权 / 件	38 601	42 523	10.16%
制定国家标准 / 项	889	1158	30.26%
制定行业标准 / 项	1323	1458	10.20%
参与制定国际标准的企业 / 家	254	291	14.57%
工业总产值 / 万元	1 203 296 602	1 409 161 648	17.11%
其中：骨干企业产值 / 万元	748 138 485	838 983 912	12.14%
总收入 / 万元	1 270 948 692	1 413 519 546	11.22%
其中：技术性收入 / 万元	36 569 108	39 872 438	9.03%
出口总额 / 万元	122 212 401	154 671 986	26.56%
实际上缴税费总额 / 万元	60 349 588	71 861 922	19.08%
净利润 / 万元	75 226 293	83 298 734	10.73%

附表 41　特色产业基地企业构成情况：按战略性新兴产业划分

单位：家

战略性新兴产业	基地内企业数	其中：高新技术企业	骨干企业	国内上市企业（不含新三板挂牌企业）	境外上市企业	新三板挂牌企业	科技型中小企业	营业收入超10亿元的企业
新一代信息技术	46 191	4640	1085	131	47	188	4654	310
高端装备制造	64 947	10 483	4070	330	36	312	10 368	832
新材料	47 594	4701	2551	302	34	149	6102	659
生物	18 125	3124	1636	252	60	132	3193	248
新能源汽车	1733	628	225	34	10	19	602	58
新能源	17 100	2273	372	68	14	79	1313	189
节能环保	4887	713	422	38	8	29	921	52
数字创意	609	31	23	2	0	2	33	0
相关服务业	26 239	595	170	24	5	18	1588	48
其他	24 264	435	125	6	0	9	640	22
总计	251 689	27 623	10 679	1187	214	937	29 414	2418

附表 42　特色产业基地人员构成情况：按战略性新兴产业划分

单位：人

战略性新兴产业	基地日常管理机构正式编制人员	企业从业人员	其中：大专及以上学历人员	其中：博士人员	其中：硕士人员	其中：骨干企业人员	其中：国家级创新领军人才	其中：省级创新领军人才	基地企业研发人员
新一代信息技术	1556	1 589 818	612 768	4256	50 976	519 992	150	228	197 506
高端装备制造	4043	5 084 938	1 483 549	9299	57 278	1 556 942	209	713	499 922
新材料	3314	2 949 643	881 290	4856	30 004	992 882	131	493	259 950
生物	2046	1 306 755	638 910	15 064	69 948	573 361	508	971	174 152
新能源汽车	163	279 548	120 537	535	4215	129 480	8	26	31 818
新能源	526	622 620	163 070	734	8277	185 898	53	111	51 121
节能环保	279	272 276	95 624	552	5055	77 982	9	28	42 899
数字创意	6	16 800	15 000	104	506	9860	0	0	10 050
相关服务业	252	427 859	153 950	1825	13 280	92 051	12	25	35 022
其他	212	415 376	75 760	133	835	43 854	5	12	43 201
总计	12 397	12 965 633	4 240 458	37 358	240 374	4 182 302	1085	2607	1 345 641

附表43 特色产业基地研发机构构成情况：按战略性新兴产业划分

单位：个

战略性新兴产业	国家工程技术研究中心	国家工程研究中心	省级及以上重点实验室	其中：国家重点实验室	省级及以上企业技术中心	其中：国家级企业技术中心
新一代信息技术	17	19	80	9	386	41
高端装备制造	69	42	174	11	1621	113
新材料	57	25	116	9	939	89
生物	40	32	131	14	582	80
新能源汽车	4	4	12	2	104	10
新能源	17	8	34	4	236	34
节能环保	4	5	26	2	84	6
数字创意	0	0	0	0	0	0
相关服务业	6	4	17	3	15	5
其他	1	0	5	0	41	0
总计	215	139	595	54	4008	378

附表44 特色产业基地服务机构构成情况：按战略性新兴产业划分

单位：个

战略性新兴产业	产品检测检验平台	国家级科技企业孵化器	科技部备案的众创空间	国家技术转移机构	金融服务机构	知识产权服务机构	行业组织
新一代信息技术	245	76	72	10	381	287	139
高端装备制造	425	159	74	25	1152	569	300
新材料	328	120	55	24	796	691	227
生物	395	118	84	16	1838	549	233
新能源汽车	52	15	13	3	81	65	29
新能源	70	21	24	4	57	96	31
节能环保	26	13	11	2	91	56	27
数字创意	1	0	0	0	0	0	7
相关服务业	8	4	8	2	8	6	7
其他	17	3	0	0	48	21	31
总计	1567	529	341	86	4452	2340	1031

附表45 特色产业基地经济指标情况：按战略性新兴产业划分

单位：万元

战略性新兴产业	工业总产值	其中：骨干企业产值	总收入	其中：产品销售收入	技术性收入	出口总额	实际上缴税费总额	净利润
新一代信息技术	161 626 639	84 042 956	168 480 021	143 184 589	11 993 841	41 801 624	7 778 100	8 994 198
高端装备制造	494 399 007	322 465 495	491 551 772	400 086 241	10 843 279	37 487 998	21 558 447	25 355 625
新材料	370 199 068	216 616 191	388 509 383	346 303 084	5 642 459	31 469 319	18 672 864	23 392 327
生物	164 419 659	94 964 110	173 789 550	151 453 172	6 881 464	12 438 190	14 199 011	14 202 148
新能源汽车	36 361 588	25 816 586	36 082 663	31 674 184	529 142	2 790 986	1 265 940	1 996 495
新能源	99 672 887	49 921 322	66 090 099	60 001 432	1 034 430	16 381 688	4 791 127	3 966 484
节能环保	36 159 650	23 942 372	32 311 084	28 870 923	562 690	2 080 444	1 912 235	2 802 611
数字创意	177 952	55 981	493 500	149 833	259 621	1429	36 916	88 247
相关服务业	21 663 788	14 716 572	32 184 324	25 915 685	1 776 428	3 778 305	599 119	1 523 792
其他	24 481 410	6 442 327	24 027 149	23 091 335	349 083	6 442 004	1 048 163	976 808
总计	1 409 161 648	838 983 912	1 413 519 546	1 210 730 478	39 872 438	154 671 986	71 861 922	83 298 734

附表46 特色产业基地资金投入情况：按战略性新兴产业划分

单位：万元

战略性新兴产业	资金总投入	其中：用于支撑服务机构发展的公共投入	基地内企业研发总投入
新一代信息技术	17 140 797	827 978	5 964 692
高端装备制造	38 777 398	2433582	13 142 257
新材料	35 572 587	1 407 063	7 976 041
生物	24 344 522	1 376 381	7 172 782
新能源汽车	7 833 208	239 771	1 131 150
新能源	3 937 140	134 647	1 760 600
节能环保	2 174 455	79 705	1 061 773
数字创意	458 974	1499	26 916
相关服务业	2 385 683	353 823	356 791
其他	2 026 207	145 549	366 889
总计	134 650 971	6 999 998	38 959 891

附表47 特色产业基地知识产权情况：按战略性新兴产业划分

战略性新兴产业	申请国内专利/件	其中：发明专利/件	其中：实用新型专利/件	申请国外专利/件	软件著作权登记/件	专利授权/件	其中：发明专利授权/件	制定国家标准/项	制定行业标准/项	参与制定国际标准的企业/家
新一代信息技术	64 748	22 995	28 785	500	13 715	44 050	7279	56	90	20
高端装备制造	168 756	40 532	100 440	1332	7970	110 243	16 616	454	543	98
新材料	96 838	21 837	47 962	938	5584	63 190	7655	277	429	105
生物	31 300	12 090	14 191	961	2398	20 010	4998	166	192	17
新能源汽车	18 579	7830	6876	198	852	7647	1241	14	39	3
新能源	20 933	6722	10 967	136	1288	10 467	2279	94	94	20
节能环保	11 208	3168	7359	56	337	5623	1076	37	41	4
数字创意	19	0	0	0	53	3	0	0	0	0
相关服务业	7961	1943	3880	85	4253	6823	1015	13	21	20
其他	1955	518	1190	26	76	8240	364	47	9	4
总计	422 297	117 635	221 650	4232	36 526	276 296	42 523	1158	1458	291

附表48 特色产业基地企业构成情况：按高新技术领域划分

单位：家

高新技术领域	基地内企业数	其中：高新技术企业	骨干企业	国内上市企业（不含新三板挂牌企业）	境外上市企业	新三板挂牌企业	科技型中小企业	营业收入超10亿元的企业
电子信息	46 206	4719	1073	137	47	184	4732	312
生物与新医药	18 125	3124	1636	252	60	132	3193	248
航空航天	2101	241	176	11	0	3	342	13
新材料	46 154	4681	2535	304	34	151	6072	657
高技术服务	27 236	681	246	26	7	25	1640	50
新能源与节能	3861	1002	430	51	14	39	785	121
资源与环境	4371	538	379	23	2	14	776	36
先进制造与自动化	79 371	12 202	4079	377	50	380	11 234	959
其他	24 264	435	125	6	0	9	640	22
总计	251 689	27 623	10 679	1187	214	937	29 414	2418

附表49　特色产业基地人员构成情况：按高新技术领域划分

单位：人

高新技术领域	企业从业人员	其中：大专及以上学历人员	其中：博士人员	其中：硕士人员	其中：骨干企业人员	其中：国家级创新领军人才	其中：省级创新领军人才	基地企业研发人员
电子信息	1 590 876	608 787	4311	51 441	522 573	146	237	200 623
生物与新医药	1 306 755	638 910	15 064	69 948	573 361	508	971	174 152
航空航天	174 835	72 384	805	5406	23 849	8	8	21 863
新材料	2 848 741	877 492	4895	30 090	989 734	132	505	255 934
高技术服务	477 669	194 171	1940	13 889	126 780	15	30	46 677
新能源与节能	389 135	177 956	1354	9306	213 946	41	65	62 380
资源与环境	164 397	55 658	252	1484	46 904	7	28	14 487
先进制造与自动化	5 597 849	1 539 340	8604	57 975	1 641 301	223	751	526 324
其他	415 376	75 760	133	835	43 854	5	12	43 201
总计	12 965 633	4 240 458	37 358	240 374	4 182 302	1085	2607	1 345 641

附表50　特色产业基地研发机构构成情况：按高新技术领域划分

单位：个

高新技术领域	国家工程技术研究中心	国家工程研究中心	省级及以上重点实验室	其中：国家重点实验室	省级及以上企业技术中心	其中：国家级企业技术中心
电子信息	18	19	73	11	388	38
生物与新医药	40	32	131	14	582	80
航空航天	3	5	23	1	44	7
新材料	57	25	120	9	930	90
高技术服务	7	4	21	3	27	7
新能源与节能	12	11	23	3	186	18
资源与环境	3	4	23	1	67	4
先进制造与自动化	74	39	176	12	1743	134
其他	1	0	5	0	41	0
总计	215	139	595	54	4008	378

附表51 特色产业基地服务机构构成情况：按高新技术领域划分

单位：个

高新技术领域	产品检测检验平台	国家级科技企业孵化器	科技部备案的众创空间	国家技术转移机构	金融服务机构	知识产权服务机构	行业组织
电子信息	238	76	73	10	348	254	138
生物与新医药	395	118	84	16	1838	549	233
航空航天	43	2	1	2	167	54	16
新材料	333	120	56	25	809	714	229
高技术服务	12	6	10	2	36	17	15
新能源与节能	51	26	30	3	113	96	38
资源与环境	14	8	4	1	41	20	16
先进制造与自动化	464	170	83	27	1052	615	315
其他	17	3	0	0	48	21	31
总计	1567	529	341	86	4452	2340	1031

附表52 特色产业基地经济指标情况：按高新技术领域划分

单位：万元

高新技术领域	工业总产值	其中：骨干企业产值	总收入	其中：产品销售收入	技术性收入	出口总额	实际上缴税费总额	净利润
电子信息	163 723 069	85 838 120	167 503 554	141 176 095	11 879 009	42 203 005	7 645 262	8 332 061
生物与新医药	164 419 659	94 964 110	173 789 550	151 453 172	6 881 464	12 438 190	14 199 011	14 202 148
航空航天	12 031 568	2 347 434	8 924 325	6 207 033	253 012	118 832	302 062	292 699
新材料	366 485 992	216 748 987	385 453 798	343 225 391	5 734 289	31 337 002	18 619 821	23 198 055
高技术服务	22 881 109	15 804 314	38 462 290	31 530 109	2 263 791	3 784 131	906 256	2 376 127
新能源与节能	53 894 522	38 551 779	54 799 469	50 940 579	856 242	4 601 505	2 568 669	3 689 898
资源与环境	25 140 608	19 050 048	21 673 381	19 185 730	156 147	807 312	1 341 988	2 085 478
先进制造与自动化	576 103 711	359 236 792	538 886 031	443 921 034	11 499 400	52 940 005	25 230 690	28 145 458
其他	24 481 410	6 442 327	24 027 149	23 091 335	349 083	6 442 004	1 048 163	976 808
总计	1 409 161 648	838 983 912	1 413 519 546	1 210 730 478	39 872 438	154 671 986	71 861 922	83 298 734

附表 53 特色产业基地资金投入情况：按高新技术领域划分

单位：万元

高新技术领域	资金总投入	其中：用于支撑服务机构发展的公共投入	基地内企业研发总投入
电子信息	17 130 428	827 605	6 078 149
生物与新医药	24 344 522	1 376 381	7 172 782
航空航天	3 192 588	484 664	537 952
新材料	35 600 047	1 412 603	7 987 454
高技术服务	3 186 444	358 187	414 879
新能源与节能	4 147 821	133 758	1 506 879
资源与环境	1 251 658	55 650	664 524
先进制造与自动化	43 771 256	2 205 602	14 230 383
其他	2 026 207	145 549	366 889
总计	134 650 971	6 999 998	38 959 891

附表 54 特色产业基地知识产权情况：按高新技术领域划分

高新技术领域	申请国内专利/件	其中：发明专利/件	其中：实用新型专利/件	申请国外专利/件	软件著作权登记/件	专利授权/件	其中：发明专利授权/件	制定国家标准/项	制定行业标准/项	参与制定国际标准的企业/家
电子信息	64 749	22 818	28 887	498	13 852	44 281	7330	58	100	20
生物与新医药	31 300	12 090	14 191	961	2398	20 010	4998	166	192	17
航空航天	4185	1324	1318	3	83	2879	803	40	30	0
新材料	96 326	21 834	47 536	934	5515	63 148	7658	278	431	105
高技术服务	8396	2228	4011	93	4546	7002	1053	15	23	20
新能源与节能	21 334	5488	12 243	109	1096	9822	1742	35	29	12
资源与环境	7098	2166	4376	38	256	3860	802	24	31	4
先进制造与自动化	186 954	49 169	107 898	1570	8704	117 054	17 773	495	613	109
其他	1955	518	1190	26	76	8240	364	47	9	4
总计	422 297	117 635	221 650	4232	36 526	276 296	42 523	1158	1458	291

附表 55　特色产业基地企业构成情况：按 4 类区域划分

单位：家

区域	基地内企业数	其中：高新技术企业	骨干企业	国内上市企业（不含新三板挂牌企业）	境外上市企业	新三板挂牌企业	科技型中小企业	营业收入超 10 亿元的企业
东部地区	203 021	20 446	7286	826	179	708	22 480	1796
中部地区	27 108	4329	1986	199	14	137	4030	393
西部地区	15 563	1849	810	111	9	54	1937	160
东北地区	5997	999	597	51	12	38	967	69
总计	251 689	27 623	10 679	1187	214	937	29 414	2418

附表 56　特色产业基地人员构成情况：按 4 类区域划分

单位：人

区域	企业从业人员	其中：大专及以上学历人员	其中：博士人员	其中：硕士人员	其中：骨干企业人员	其中：国家级创新领军人才	其中：省级创新领军人才	基地企业研发人员
东部地区	10 044 309	3 146 941	30 767	194 774	3 010 140	933	1946	1 047 486
中部地区	1 815 898	638 869	3299	27 589	622 554	101	344	175 062
西部地区	752 603	289 078	2407	11 577	360 061	41	213	69 414
东北地区	352 823	165 570	885	6434	189 547	10	104	53 679
总计	12 965 633	4 240 458	37 358	240 374	4 182 302	1085	2607	1 345 641

附表 57　特色产业基地研发机构构成情况：按 4 类区域划分

单位：个

区域	国家工程技术研究中心	国家工程研究中心	省级及以上重点实验室	其中：国家重点实验室	省级及以上企业技术中心	其中：国家级企业技术中心
东部地区	151	80	316	33	2640	230
中部地区	32	32	112	14	673	67
西部地区	20	19	93	5	367	62
东北地区	12	8	74	2	328	19
总计	215	139	595	54	4008	378

附表 58　特色产业基地服务机构构成情况：按 4 类区域划分

单位：个

区域	产品检测检验平台	国家级科技企业孵化器	科技部备案的众创空间	国家技术转移机构	金融服务机构	知识产权服务机构	行业组织
东部地区	1015	404	247	53	3377	1672	676
中部地区	305	66	52	16	600	436	192
西部地区	170	33	31	13	330	189	123
东北地区	77	26	11	4	145	43	40
总计	1567	529	341	86	4452	2340	1031

附表 59　特色产业基地经济指标情况：按 4 类区域划分

单位：万元

区域	工业总产值	其中：骨干企业产值	总收入	其中：产品销售收入	技术性收入	出口总额	实际上缴税费总额	净利润
东部地区	1 015 064 009	592 308 786	1 001 156 183	880 270 152	32 609 167	142 765 833	55 190 521	63 160 913
中部地区	225 181 615	132 610 671	217 135 356	192 661 426	4 730 569	7 886 074	8 021 430	11 570 628
西部地区	121 962 567	77 754 510	145 522 166	92 653 745	1 495 473	2 502 935	5 488 733	5 518 977
东北地区	46 953 456	36 309 946	49 705 841	45 145 155	1 037 230	1 517 145	3 161 237	3 048 215
总计	1 409 161 648	838 983 912	1 413 519 546	1 210 730 478	39 872 438	154 671 986	71 861 922	83 298 734

附表 60　特色产业基地资金投入情况：按 4 类区域划分

单位：万元

区域	资金总投入	其中：用于支撑服务机构发展的公共投入	基地内企业研发总投入
东部地区	85 859 438	4 566 134	29 288 079
中部地区	30 856 514	1 551 312	5 459 000
西部地区	15 584 640	794 242	3 229 853
东北地区	2 350 379	88 311	982 959
总计	134 650 971	6 999 998	38 959 891

附表 61　特色产业基地知识产权情况：按 4 类区域划分

区域	申请国内专利/件	其中：发明专利/件	其中：实用新型专利/件	申请国外专利/件	软件著作权登记/件	专利授权/件	其中：发明专利授权/件	制定国家标准/项	制定行业标准/项	参与制定国际标准的企业/家
东部地区	348 006	93 323	180 314	3875	28 805	216 556	32 131	724	1027	214

续表

区域	申请国内专利/件	其中：发明专利/件	其中：实用新型专利/件	申请国外专利/件	软件著作权登记/件	专利授权/件	其中：发明专利授权/件	制定国家标准/项	制定行业标准/项	参与制定国际标准的企业/家
中部地区	54 319	17 316	30 085	295	5752	34 751	5503	225	237	59
西部地区	14 106	5094	7716	38	1166	20 360	4052	86	127	10
东北地区	5866	1902	3535	24	803	4629	837	123	67	8
总计	422 297	117 635	221 650	4232	36 526	276 296	42 523	1158	1458	291

附表62 特色产业基地企业构成情况：按国家战略区域划分

单位：家

国家战略区域	基地内企业数	其中：高新技术企业	骨干企业	国内上市企业（不含新三板挂牌企业）	境外上市企业	新三板挂牌企业	科技型中小企业	营业收入超10亿元的企业
京津冀地区	16 557	1529	721	34	7	32	2830	112
粤港澳大湾区	59 752	2951	827	47	28	43	2828	163
长三角一体化地区	67 332	11 883	4849	596	128	468	13 758	1207
成渝经济圈	8833	1140	337	42	3	19	1255	85
东北全面振兴区域	6197	1045	641	52	14	44	983	77

附表63 特色产业基地人员构成情况：按国家战略区域划分

单位：人

国家战略区域	企业从业人员	其中：大专及以上学历人员	其中：博士人员	其中：硕士人员	其中：骨干企业人员	其中：国家级创新领军人才	其中：省级创新领军人才	基地企业研发人员
京津冀地区	473 844	224 643	1951	13 865	215 454	105	124	45 665
粤港澳大湾区	2 078 296	355 855	1508	12 669	408 076	9	12	124 038
长三角一体化地区	5 287 606	2 034 231	23 518	143 085	1 866 683	590	1423	702 712
成渝经济圈	293 023	89 806	836	2605	148 184	2	25	27 427
东北全面振兴区域	395 578	198 622	934	6756	219 349	10	110	55 322

附表64　特色产业基地研发机构构成情况：按国家战略区域划分

单位：个

国家战略区域	国家工程技术研究中心	国家工程研究中心	省级及以上重点实验室	其中：国家重点实验室	省级及以上企业技术中心	其中：国家级企业技术中心
京津冀地区	10	9	30	3	152	18
粤港澳大湾区	17	1	34	2	246	25
长三角一体化地区	98	59	158	22	1842	111
成渝经济圈	2	4	18	0	190	20
东北全面振兴区域	13	8	77	2	340	21

附表65　特色产业基地服务机构构成情况：按国家战略区域划分

单位：个

国家战略区域	产品检测检验平台	国家级科技企业孵化器	科技部备案的众创空间	国家技术转移机构	金融服务机构	知识产权服务机构	行业组织
京津冀地区	61	18	37	3	61	66	32
粤港澳大湾区	54	34	22	12	249	326	79
长三角一体化地区	679	274	136	39	2478	1102	422
成渝经济圈	46	4	7	4	134	60	18
东北全面振兴区域	79	26	11	4	168	43	40

附表66　特色产业基地经济指标情况：按国家战略区域划分

单位：万元

国家战略区域	工业总产值	其中：骨干企业产值	总收入	其中：产品销售收入	技术性收入	出口总额	实际上缴税费总额	净利润
京津冀地区	40 553 678	25 755 122	67 456 909	43 821 548	4 538 578	2 951 837	2 236 407	2 753 881
粤港澳大湾区	127 585 229	96 074 436	126 885 043	118 567 261	2 446 825	24 653 432	6 086 658	5 549 572
长三角一体化地区	649 057 142	381 781 144	672 833 994	602 081 064	21 398 690	73 866 906	39 917 114	46 184 962
成渝经济圈	65 754 182	37 959 638	79 184 736	35 145 774	301 833	1 396 142	1 031 007	2 369 048
东北全面振兴区域	50 579 469	39 571 573	57 545 826	52 848 490	1 037 230	1 704 766	3 577 519	3 873 948

附表67　特色产业基地资金投入情况：按国家战略区域划分

单位：万元

国家战略区域	资金总投入	其中：用于支撑服务机构发展的公共投入	基地内企业研发总投入
京津冀地区	5 058 670	417 492	962 776
粤港澳大湾区	5 005 782	416 968	3 241 765

续表

国家战略区域	资金总投入	其中：用于支撑服务机构发展的公共投入	基地内企业研发总投入
长三角一体化地区	69 293 310	3 573 114	22 149 729
成渝经济圈	7 449 215	209 587	1 799 501
东北全面振兴区域	2 754 662	88 311	1 073 662

附表68 特色产业基地知识产权情况：按国家战略区域划分

国家战略区域	申请国内专利/件	其中：发明专利/件	其中：实用新型专利/件	申请国外专利/件	软件著作权登记/件	专利授权/件	其中：发明专利授权/件	制定国家标准/项	制定行业标准/项	参与制定国际标准的企业/家
京津冀地区	12 461	3287	7639	35	1620	9125	1531	37	61	4
粤港澳大湾区	59 895	13 511	33 875	698	3116	46 565	3982	105	84	10
长三角一体化地区	230 591	65 985	111 463	2956	21 294	132 843	21 420	534	784	184
成渝经济圈	4946	1103	2945	9	743	13 639	2074	23	9	2
东北全面振兴区域	7659	2928	4265	26	851	6218	1612	123	67	8

附表69 特色产业基地企业构成情况：按地区划分

单位：家

地区	基地内企业数	其中：高新技术企业	骨干企业	国内上市企业（不含新三板挂牌企业）	境外上市企业	新三板挂牌企业	科技型中小企业	营业收入超10亿元的企业
北京	6855	240	222	4	1	2	105	13
天津	7194	478	219	11	2	9	1451	33
河北	2508	811	280	19	4	21	1274	66
山西	972	284	122	5	0	9	254	6
内蒙古	200	46	44	1	2	6	16	8
辽宁	3825	408	379	11	3	14	563	21
吉林	323	127	47	11	2	6	71	10
黑龙江	1400	250	109	12	4	6	195	20
上海	8718	1099	493	58	13	131	1387	71
江苏	28 959	6478	3015	379	93	187	7109	786
浙江	23 773	2561	698	88	15	78	3712	216
安徽	4730	1306	540	41	3	39	1174	93

续表

地区	基地内企业数	其中：高新技术企业	骨干企业	国内上市企业（不含新三板挂牌企业）	境外上市企业	新三板挂牌企业	科技型中小企业	营业收入超10亿元的企业
福建	4892	164	102	3	2	14	122	14
江西	7895	316	347	14	2	10	338	61
山东	21 791	2171	1047	111	7	75	2601	247
河南	2091	333	212	13	0	4	406	50
湖北	8173	1366	491	76	9	64	1155	123
湖南	3247	724	274	50	0	11	703	60
广东	66 372	3290	958	67	28	50	3057	199
广西	493	25	15	0	1	2	10	2
海南								
重庆	3033	988	179	25	2	18	1064	66
四川	5800	152	158	17	1	1	191	19
贵州	578	77	74	7	0	0	65	9
云南	268	82	60	7	0	3	61	11
西藏								
陕西	3644	365	206	42	3	12	415	31
甘肃	53	13	18	1	0	0	6	3
青海								
宁夏	86	26	22	2	0	1	39	2
新疆	1367	73	27	8	0	10	67	8
新疆生产建设兵团	41	2	7	1	0	1	3	1
大连	449	214	62	17	3	12	138	18
宁波	1152	439	103	30	4	33	376	41
厦门	29 665	2538	52	45	10	104	1117	103
青岛	1142	177	97	11	0	4	169	7
深圳								
总计	251 689	27 623	10 679	1187	214	937	29 414	2418

附表70 特色产业基地人员构成情况：按地区划分

单位：人

地区	企业从业人员	其中：大专及以上学历人员	其中：博士人员	其中：硕士人员	其中：骨干企业人员	其中：国家级创新领军人才	其中：省级创新领军人才	基地企业研发人员
北京	47 108	28 519	126	2019	30 608	12	8	6325
天津	141 930	57 257	1108	6176	35 869	32	70	12 056
河北	284 806	138 867	717	5670	148 977	61	46	27 284
山西	69 086	25 179	103	1597	26 865	2	31	9348
内蒙古	42 755	33 052	49	322	29 802	0	6	1643
辽宁	126 695	57 798	422	1889	62 560	5	93	9927
吉林	49 031	24 824	71	473	11 950	4	8	6639
黑龙江	132 223	64 685	304	2757	79 713	1	3	24 837
上海	220 798	114 267	2796	16 412	96 341	12	13	49 597
江苏	3 204 588	1 251 064	17 121	100 695	1 108 411	445	1211	436 543
浙江	1 201 438	434 586	2257	14 087	381 270	112	101	147 283
安徽	495 766	194 614	1088	10 166	220 377	14	76	46 559
福建	264 197	64 445	81	632	36 709	1	9	9252
江西	208 910	34 243	354	1164	47 599	7	34	7445
山东	1 447 687	581 662	4292	29 305	599 963	161	302	181 934
河南	365 361	119 094	420	1756	107 112	4	8	40 755
湖北	353 676	134 576	620	5864	171 432	32	119	42 510
湖南	323 099	131 163	714	7042	49 169	42	76	28 445
广东	2 423 070	404 155	1619	13 215	465 513	24	37	141 899
广西	26 453	9745	34	536	11 292	1	8	2096
海南								
重庆	212 330	60 313	624	1185	115 831	0	15	19 997
四川	80 693	29 493	212	1420	32 353	2	10	7430
贵州	87 743	28 125	122	1990	27 137	0	2	11 913
云南	26 938	12 159	166	1247	19 134	4	49	6267
西藏								
陕西	184 524	93 613	1111	4449	70 169	13	52	13 982
甘肃	22 465	7580	6	122	18 602	0	6	1477
青海								

续表

地区	企业从业人员	其中：大专及以上学历人员	其中：博士人员	其中：硕士人员	其中：骨干企业人员	其中：国家级创新领军人才	其中：省级创新领军人才	基地企业研发人员
宁夏	12 912	5547	42	196	10 155	21	64	2018
新疆	49 379	8873	31	94	25 412	0	0	2580
新疆生产建设兵团	6411	578	10	16	174	0	1	11
大连	44 874	18 263	88	1315	35 324	0	0	12 276
宁波	165 016	39 700	256	1725	60 284	7	22	22 730
厦门	611 645	13 448	121	1314	23 269	49	112	4561
青岛	32 026	18 971	273	3524	22 926	17	15	8022
深圳								
总计	12 965 633	4 240 458	37 358	240 374	4 182 302	1085	2607	1 345 641

附表71　特色产业基地研发机构构成情况：按地区划分

单位：个

地区	国家工程技术研究中心	国家工程研究中心	省级及以上重点实验室	其中：国家重点实验室	省级及以上企业技术中心	其中：国家级企业技术中心
北京	0	0	0	0	8	0
天津	3	4	12	0	46	4
河北	7	5	18	3	98	14
山西	0	2	9	2	59	3
内蒙古	1	0	3	0	12	2
辽宁	5	3	34	2	144	1
吉林	1	1	6	0	76	7
黑龙江	2	0	21	0	59	9
上海	9	2	15	4	117	7
江苏	60	37	95	14	1005	58
浙江	11	2	20	0	363	24
安徽	8	16	24	4	232	11
福建	1	0	5	0	36	0
江西	3	2	15	0	71	5
山东	26	19	83	5	390	45
河南	1	3	18	2	102	14

续表

地区	国家工程技术研究中心	国家工程研究中心	省级及以上重点实验室	其中：国家重点实验室	省级及以上企业技术中心	其中：国家级企业技术中心
湖北	9	3	15	4	93	14
湖南	11	6	31	2	116	20
广东	18	1	48	2	347	32
广西	1	1	2	0	8	1
海南						
重庆	2	4	16	0	163	16
四川	0	0	2	0	27	4
贵州	1	3	6	1	27	4
云南	4	2	22	1	26	2
西藏						
陕西	8	8	34	2	56	29
甘肃	0	0	2	0	7	2
青海						
宁夏	1	0	5	1	14	2
新疆	2	0	0	0	26	0
新疆生产建设兵团	0	1	1	0	1	0
大连	4	4	13	0	49	2
宁波	10	2	4	0	125	11
厦门	1	2	8	0	84	31
青岛	5	6	8	5	21	4
深圳						
总计	215	139	595	54	4008	378

附表72　特色产业基地服务机构构成情况：按地区划分

单位：个

地区	产品检测检验平台	国家级科技企业孵化器	科技部备案的众创空间	国家技术转移机构	金融服务机构	知识产权服务机构	行业组织
北京	3	3	5	0	11	11	2
天津	19	5	7	0	11	22	10
河北	39	10	25	3	39	33	20
山西	33	3	5	2	16	7	11

续表

地区	产品检测检验平台	国家级科技企业孵化器	科技部备案的众创空间	国家技术转移机构	金融服务机构	知识产权服务机构	行业组织
内蒙古	2	0	0	0	23	0	0
辽宁	43	13	2	2	114	25	18
吉林	8	5	1	0	23	6	5
黑龙江	18	4	5	1	6	9	12
上海	54	11	6	3	11	13	14
江苏	388	182	82	15	2096	638	268
浙江	78	45	15	10	230	209	71
安徽	90	25	19	6	118	212	61
福建	14	1	0	0	21	8	23
江西	21	6	6	2	64	35	16
山东	180	68	44	3	506	258	146
河南	35	8	3	1	42	19	36
湖北	81	19	12	4	158	88	45
湖南	45	5	7	1	202	75	23
广东	77	41	27	12	269	372	95
广西	2	0	0	0	1	1	1
海南							
重庆	11	3	6	4	98	37	4
四川	35	1	1	0	36	23	14
贵州	21	2	1	0	18	11	19
云南	16	5	2	1	4	10	9
西藏							
陕西	63	17	11	6	131	94	55
甘肃	4	1	2	0	1	2	4
青海							
宁夏	7	1	2	0	12	5	4
新疆	7	2	0	0	2	5	11
新疆生产建设兵团	2	1	6	2	4	1	2
大连	8	4	3	1	2	3	5
宁波	69	11	14	5	23	30	8

续表

地区	产品检测检验平台	国家级科技企业孵化器	科技部备案的众创空间	国家技术转移机构	金融服务机构	知识产权服务机构	行业组织
厦门	63	9	2	0	7	73	2
青岛	31	18	20	2	153	5	17
深圳							
总计	1567	529	341	86	4452	2340	1031

附表73 特色产业基地经济指标情况：按地区划分

单位：万元

地区	工业总产值	其中：骨干企业产值	总收入	其中：产品销售收入	技术性收入	出口总额	实际上缴税费总额	净利润
北京	645 088	645 088	5 497 300	4 528 504	968 796	0	203 600	215 000
天津	13 896 633	10 624 747	19 765 754	11 124 474	1 348 063	678 872	674 210	644 739
河北	26 011 957	14 485 287	42 193 854	28 168 570	2 221 719	2 272 964	1 358 597	1 894 142
山西	5 538 313	3 939 123	5 282 980	4 871 960	246 646	257 104	247 266	330 266
内蒙古	3 626 013	3 261 627	7 839 985	7 703 335	0	187 621	416 282	825 733
辽宁	21 539 555	17 275 573	22 550 913	19 499 006	394 397	708 049	1 061 845	997 403
吉林	3 670 796	22 303 645	5 187 746	5 056 954	34 283	30 616	459 957	1 039 556
黑龙江	14 276 283	11 264 532	14 547 402	13 455 873	412 537	353 733	1 273 238	567 247
上海	31 862 012	21 509 971	45 768 231	41 382 622	1 839 048	5 380 394	1 482 997	2 728 464
江苏	426 069 883	260 768 052	419 340 780	378 426 134	12 782 613	42 954 854	23 740 220	31 260 147
浙江	113 910 126	58 336 009	129 238 223	113 215 500	3 838 211	19 274 002	11 717 285	7 845 163
安徽	59 476 891	34 942 213	55 455 223	50 843 202	1 187 347	2 106 208	2 126 705	3 167 033
福建	13 725 530	4 908 631	11 089 115	10 641 223	51 155	2 904 390	256 793	487 599
江西	26 450 395	16 714 772	26 952 836	25 923 618	32 171	1 278 841	766 988	1 620 243
山东	139 280 533	98 145 695	142 562 587	123 828 563	4 185 663	11 510 459	4 690 268	8 798 250
河南	31 430 398	19 781 123	32 888 611	29 487 364	1 253 043	1 359 624	1 042 522	2 339 993
湖北	61 638 658	42 870 532	58 130 294	50 864 141	1 199 953	1 594 319	1 729 141	2 860 064
湖南	40 646 960	14 362 908	38 425 411	30 671 740	811 409	1 289 979	2 108 809	1 253 029
广东	151 900 962	106 980 829	151 402 925	140 475 701	3 457 540	26 316 806	7 215 899	6 841 994
广西	4 450 483	2 349 170	6 349 172	5 526 422	1954	28 288	130 257	49 194
海南								
重庆	58 592 132	33 468 308	62 866 909	19 831 191	97 659	909 665	470 140	1 779 339

续表

地区	工业总产值	其中：骨干企业产值	总收入	其中：产品销售收入	技术性收入	出口总额	实际上缴税费总额	净利润
四川	7 162 051	4 491 330	16 317 827	15 314 583	204 174	486 477	560 867	589 709
贵州	6 188 066	2 852 305	5 401 224	4 381 109	49 606	83 834	200 153	227 433
云南	5 567 150	4 766 159	7 215 577	5 758 126	204 772	139 000	203 039	449 342
西藏								
陕西	22 117 343	15 080 110	21 694 531	19 715 841	934 393	509 840	1 402 076	1 251 983
甘肃	3 800 845	3 374 696	8 448 374	5 172 625	0	21 825	258 643	69 102
青海								
宁夏	1 308 231	1 049 330	1 397 082	1 274 660	801	98 092	47 130	81 347
新疆	9 046 000	7 032 000	7 883 000	7 882 040	960	38 294	1 789 000	186 541
新疆生产建设兵团	104 254	29 476	108 485	93 815	1154	0	11 145	9254
大连	7 466 823	5 539 476	7 419 780	7 133 323	196 012	424 747	366 198	444 009
宁波	17 738 229	6 224 899	23 031 537	18 213 607	1 751 471	4 151 448	849 908	1 184 156
厦门	74 778 391	5 376 047	6 225 704	6 206 699	19 005	26 893 488	2 850 168	847 329
青岛	5 244 664	4 303 532	5 040 173	4 058 557	145 882	428 157	150 577	413 930
深圳								
总计	1 409 161 648	838 983 912	1 413 519 546	1 210 730 478	39 872 438	154 671 986	71 861 922	83 298 734

附表74　特色产业基地资金投入情况：按地区划分

单位：万元

地区	资金总投入	其中：用于支撑服务机构发展的公共投入	基地内企业研发总投入
北京	144 242	26 743	65 236
天津	3 581 956	335 344	263 446
河北	1 332 472	55 404	634 094
山西	807 442	25 404	207 097
内蒙古	404 283	0	90 703
辽宁	1 005 997	60 439	251 187
吉林	202 831	15 211	129 671
黑龙江	886 519	7632	359 464
上海	1 763 988	90 845	928 811

续表

地区	资金总投入	其中：用于支撑服务机构发展的公共投入	基地内企业研发总投入
江苏	45 826 565	1 838 506	14 642 732
浙江	11 696 807	918 281	3 951 172
安徽	7 833 467	688 903	2 020 278
福建	1 271 301	232 484	197 876
江西	1 510 465	50 717	253 958
山东	11 410 484	596 212	4 119 106
河南	4 294 081	430 776	528 020
湖北	7 197 988	246 492	1 305 422
湖南	9 213 071	109 020	1 144 226
广东	5 898 183	428 967	3 545 996
广西	369 378	60	128 795
海南			
重庆	6 219 287	89 353	1 273 458
四川	1 229 928	120 234	526 043
贵州	526 050	4997	192 687
云南	433 167	5589	155 078
西藏			
陕西	4 101 073	568 607	734 680
甘肃	140 751	2100	44 580
青海			
宁夏	110 161	1413	60 360
新疆	1 979 321	1019	22 526
新疆生产建设兵团	71 242	870	945
大连	255 032	5029	242 637
宁波	2 172 484	36 580	606 736
厦门	329 789	986	219 980
青岛	431 166	5782	112 894
深圳			
总计	134 650 971	6 999 998	38 959 891

附表 75 特色产业基地知识产权情况：按地区划分

地区	申请国内专利/件	其中：发明专利/件	其中：实用新型专利/件	申请国外专利/件	软件著作权登记/件	专利授权/件	其中：发明专利授权/件	制定国家标准/项	制定行业标准/项	参与制定国际标准的企业/家
北京	429	192	164	0	21	852	99	0	0	0
天津	3754	907	2746	1	392	2722	284	5	15	0
河北	8278	2188	4729	34	1207	5551	1148	32	46	4
山西	1986	920	949	10	1192	1115	238	5	7	0
内蒙古	1793	1026	730	2	48	1589	775	0	0	0
辽宁	1924	536	1265	10	284	1437	267	101	43	6
吉林	944	239	533	0	235	986	100	4	0	0
黑龙江	1828	734	993	9	263	1341	293	10	24	2
上海	8930	3347	3738	224	4715	5978	1381	24	33	28
江苏	144 694	41 149	70 999	2031	13 102	81 939	12 911	284	469	72
浙江	44 764	8620	21 687	352	2066	27 455	4098	130	210	76
安徽	22 303	9394	10 072	143	920	10 643	2142	48	44	7
福建	2693	489	1597	13	182	4234	247	3	8	0
江西	7470	1114	5439	17	388	6785	381	18	12	14
山东	38 222	13 599	22 382	211	2742	24 021	4658	63	111	10
河南	6285	827	5096	14	79	4389	316	41	45	13
湖北	8928	3058	5214	60	2815	6805	1150	44	104	18
湖南	7347	2003	3315	51	358	5014	1276	69	25	7
广东	72 438	14 942	38 203	710	3361	54 153	4448	107	96	10
广西	1533	665	867	4	9	1038	28	3	0	0
海南										
重庆	3214	650	1851	6	39	12 770	1968	13	9	2
四川	1732	453	1094	3	704	869	106	10	0	0
贵州	1869	841	802	3	47	1086	205	2	32	1
云南	369	115	225	4	71	286	86	12	18	5
西藏										
陕西	1858	890	883	15	179	1526	733	42	64	2
甘肃	258	104	154	0	0	223	41	0	1	0
青海										

续表

地区	申请国内专利/件	其中：发明专利/件	其中：实用新型专利/件	申请国外专利/件	软件著作权登记/件	专利授权/件	其中：发明专利授权/件	制定国家标准/项	制定行业标准/项	参与制定国际标准的企业/家
宁夏	219	94	125	1	33	194	40	3	1	0
新疆	1249	251	978	0	35	777	70	1	2	0
新疆兵团	12	5	7	0	1	2	0	0	0	0
大连	1170	393	744	5	21	865	177	8	0	0
宁波	9900	3475	4967	206	491	6828	888	48	28	1
厦门	384	157	142	3	7	620	90	5	0	0
青岛	13 520	4258	8960	90	519	2203	1879	23	11	13
深圳										
总计	422 297	117 635	221 650	4232	36 526	276 296	42 523	1158	1458	291

附表76 4类区域软件产业基地数量和名称

区域	基地名称
东部地区（24个）	北京软件产业基地
	中关村软件园
	天津滨海高新区软件园
	河北省软件产业基地（石家庄）
	上海软件园
	江苏软件园
	南京软件园
	无锡软件园
	常州软件园
	武进软件园
	苏州软件园
	如皋软件园
	杭州高新软件园
	宁波市软件与服务外包产业园
	福州软件园
	厦门软件园
	齐鲁软件园

续表

区域	基地名称
东部地区（24个）	青岛软件园
	东营软件园
	潍坊软件园
	临沂软件园
	广州软件园
	深圳软件园
	珠海高新区软件园
中部地区（6个）	山西软件园
	合肥软件园
	金庐软件园
	郑州软件园
	湖北软件产业基地
	长沙软件园
西部地区（8个）	内蒙古软件园
	南宁软件园
	重庆软件园
	天府软件园
	贵阳火炬软件园
	云南软件园
	西安软件园
	兰州软件园
东北地区（6个）	东大软件园
	沈阳软件园
	大连软件园
	长春软件园
	吉林软件园
	大庆软件园

附表77　2020—2021年软件产业基地主要指标对比情况

指标	2020年	2021年	增长率
企业总数/家	107 302	116 899	8.94%
其中：软件企业/家	67 264	73 694	9.56%
其中：高新技术企业/家	19 945	23 069	15.66%
其中：科技型中小企业/家	19 882	22 720	14.27%
其中：在孵企业/家	20 951	23 318	11.30%
其中：上市软件企业/家	1212	1283	5.86%
其中：营业收入≥1亿元的企业/家	3446	4225	22.61%
从业人员总数/人	4 206 028	4 683 534	11.35%
软件从业人员总数/人	3 400 341	3 581 157	5.32%
其中：具有5年及以上软件从业经验的人员/人	1 031 976	1 173 501	13.71%
其中：软件研发人员/人	1 873 710	1 932 261	3.13%
博士人员/人	44 580	49 329	10.54%
硕士人员/人	479 471	530 852	10.72%
本科学历人员/人	2 647 104	2 945 069	11.26%
营业收入/万元	588 662 437.67	678 439 312.79	15.25%
出口总额/万元	58 127 543.54	63 663 255.70	9.52%
净利润/万元	57 019 718.44	67 673 005.43	18.68%
实际上缴税费总额/万元	25 777 863.40	31 138 789.30	20.80%
承担国家级科技和产业化项目/项	1790	1973	10.22%
承担地方级科技和产业化项目/项	12 611	14 294	13.35%
拥有软件著作权登记/件	517 118	663 413	28.29%
拥有有效发明专利/件	256 849	261 969	1.99%

附表78　软件产业基地企业构成情况：按4类区域划分

单位：家

区域	企业总数	软件企业	高新技术企业	科技型中小企业	在孵企业	上市软件企业	营业收入≥1亿元的企业
东部地区	56 129	40 536	12 777	12 119	10 327	874	3067
中部地区	44 150	19 152	5970	5288	7121	89	449
西部地区	13 847	11 884	3393	4680	4995	273	574
东北地区	2773	2122	929	633	875	47	135
总计	116 899	73 694	23 069	22 720	23 318	1283	4225

附表 79　软件产业基地人员构成情况：按 4 类区域划分

单位：人

区域	从业人员总数	博士人员	硕士人员	本科学历人员	软件从业人员总数	具有 5 年及以上软件从业经验的人员	软件研发人员
东部地区	2 999 362	27 164	327 943	1 812 199	2 243 938	748 633	1 159 307
中部地区	761 903	12 415	106 601	547 904	581 728	197 323	319 740
西部地区	690 206	8801	77 077	429 188	564 653	177 421	342 621
东北地区	232 063	949	19 231	155 778	190 838	50 124	110 593
总计	4 683 534	49 329	530 852	2 945 069	3 581 157	1 173 501	1 932 261

附表 80　软件产业基地经济指标情况：按 4 类区域划分

单位：万元

区域	营业收入	软件收入	自主版权软件收入	出口总额	软件出口总额	净利润	实际上缴税费总额
东部地区	518 243 314.00	337 416 100.80	191 214 556.50	44 442 595.80	24 319 610.16	52 146 624.39	24 139 859.10
中部地区	53 325 162.68	37 222 794.18	22 826 432.40	1 669 614.64	1 239 114.39	3 654 693.21	2 360 842.98
西部地区	93 114 121.96	75 352 096.76	33 588 109.99	15 376 507.80	3 288 540.54	11 136 641.66	4 053 637.76
东北地区	13 756 714.19	11 480 972.91	2 673 216.63	2 174 537.41	1 682 768.84	735 046.18	584 449.46
总计	678 439 312.80	46 147 1964.60	250 302 315.50	63 663 255.70	30 530 033.93	67 673 005.43	31 138 789.29

附表 81　软件产业基地创新投入与产出情况：按 4 类区域划分

区域	科技活动经费筹集总额 / 万元	科技活动经费支出总额 / 万元	研发经费总支出 / 万元	承担国家级科技和产业化项目 / 项	承担地方级科技和产业化项目 / 项	拥有软件著作权登记 / 件	拥有有效发明专利 / 件
东部地区	46 977 980.25	45 121 042.71	33 098 917.29	1160	10 356	395 678	219 309
中部地区	4 226 828.90	4 099 667.75	3 440 691.90	346	2049	164 889	21 086
西部地区	6 583 723.68	9 236 957.51	6 269 811.77	412	1681	80 697	17 062
东北地区	957 439.01	869 276.91	715 130.99	55	208	22 149	4512
总计	58 745 971.84	59 326 944.88	43 524 551.95	1973	14 294	663 413	261 969

附表 82　软件产业基地企业构成情况：按国家战略区域划分

单位：家

国家战略区域	企业总数	软件企业	高新技术企业	科技型中小企业	在孵企业	上市软件企业	营业收入≥1亿元的企业
京津冀地区	2359	2250	1497	1246	1427	138	183
粤港澳大湾区	5343	4497	3404	2644	994	204	779

续表

国家战略区域	企业总数	软件企业	高新技术企业	科技型中小企业	在孵企业	上市软件企业	营业收入≥1亿元的企业
长三角一体化地区	32 594	20 590	6047	6047	5722	292	1596
成渝经济圈	7602	6015	2298	3547	3549	222	370
东北全面振兴区域	2978	2327	968	685	1080	49	135
总计	50 876	35 679	14 214	14 169	12 772	905	3063

附表83 软件产业基地人员构成情况：按国家战略区域划分

单位：人

国家战略区域	从业人员总数	博士人员	硕士人员	本科学历人员	软件从业人员总数	具有5年及以上软件从业经验的人员	软件研发人员
京津冀地区	163 917	4195	22 127	112 167	158 307	60 768	88 992
粤港澳大湾区	903 517	4922	126 237	443 105	536 932	197 131	251 446
长三角一体化地区	1 443 200	15 454	153 085	902 544	1 186 577	345 766	587 062
成渝经济圈	387 968	5428	40 791	228 241	296 556	86 422	184 295
东北全面振兴区域	234 701	997	19 436	157 608	193 476	51 233	111 385
总计	3 133 303	30 996	361 676	1 843 665	2 371 848	741 320	1 223 180

附表84 软件产业基地经济指标情况：按国家战略区域划分

单位：万元

国家战略区域	营业收入	软件收入	自主版权软件收入	出口总额	软件出口总额	净利润	实际上缴税费总额
京津冀地区	61 495 664.80	35 769 937.60	17 696 918.60	1 755 132.60	234 765.00	5 828 525.20	2 176 402.60
粤港澳大湾区	178 211 828.03	101 614 873.95	19 106 840.90	19 270 883.46	13 229 459.98	23 311 268.79	10 021 340.58
长三角一体化地区	179 452 122.93	145 024 488.65	112 900 594.05	15 936 809.84	7 676 035.46	15 820 258.50	8 408 660.02
成渝经济圈	44 907 404.15	36 462 692.91	17 752 468.01	13 786 389.00	1 750 425.84	7 151 082.75	1 849 575.38
东北全面振兴区域	13 849 335.49	11 573 594.21	2 673 216.63	2 175 847.61	1 684 079.04	740 664.33	587 997.96
总计	477 916 355.40	330 445 587.31	170 130 038.20	52 925 062.51	24 574 765.32	52 851 799.57	23 043 976.55

附表85　软件产业基地创新投入与产出情况：按国家战略区域划分

国家战略区域	科技活动经费筹集总额/万元	科技活动经费支出总额/万元	研发经费总支出/万元	承担国家级科技和产业化项目/项	承担地方级科技和产业化项目/项	拥有软件著作权登记/件	拥有有效发明专利/件
京津冀地区	6 807 948.00	6 798 791.00	6 784 288.00	72	445	41 663	50 294
粤港澳大湾区	12 490 370.72	12 916 973.40	9 141 621.91	154	759	149 073	104 859
长三角一体化地区	15 245 290.33	12 975 456.31	11 185 163.68	473	6859	135 463	47 981
成渝经济圈	2 414 838.07	4 792 278.99	2 637 263.69	197	424	44 948	9721
东北全面振兴区域	969 365.73	877 845.65	723 699.73	56	209	23 048	4592
总计	37 927 812.85	38 361 345.35	30 472 037.01	952	8696	394 195	217 447

附表86　软件产业基地企业构成情况：按地区划分

单位：家

地区	基地总数/个	企业总数	软件企业	高新技术企业	科技型中小企业	在孵企业	上市软件企业	营业收入≥1亿元的企业
北京	2	745	721	415	158	487	70	90
天津	1	1194	1194	943	993	625	47	82
河北	1	420	335	139	95	315	21	11
山西	1	409	392	330	250	70	15	23
内蒙古	1	205	205	39	52	205	2	0
辽宁	2	728	524	278	123	277	12	25
吉林	2	808	508	161	52	333	6	16
黑龙江	1	762	615	138	135	218	5	16
上海	1	20 455	9972	1919	3377	2049	159	542
江苏	7	5196	4362	1303	872	1944	62	467
浙江	1	3074	3074	1928	674	216	63	453
安徽	1	1970	1853	729	1104	1325	7	105
福建	1	1108	864	257	159	70	24	128
江西	1	977	857	306	343	173	23	42
山东	4	6987	5762	1486	1986	2437	166	306
河南	1	428	322	125	248	82	12	15
湖北	1	4237	3693	2200	1690	809	11	155
湖南	1	36 129	12 035	2280	1653	4662	21	109

续表

地区	基地总数/个	企业总数	软件企业	高新技术企业	科技型中小企业	在孵企业	上市软件企业	营业收入≥1亿元的企业
广东	2	2661	1815	1246	693	337	87	226
广西	1	852	809	135	48	215	6	5
重庆	1	4763	3344	185	1652	3134	5	41
四川	1	2839	2671	2113	1895	415	217	329
贵州	1	1469	1469	75	139	162	9	16
云南	1	101	68	31	27	58	2	5
陕西	1	3500	3200	720	810	761	32	169
甘肃	1	118	118	95	57	45	0	9
大连	1	475	475	352	323	47	24	78
宁波	1	1899	1329	168	20	188	1	29
厦门	1	9224	8290	756	1110	984	54	160
青岛	1	484	136	59	31	18	3	20
深圳	1	2682	2682	2158	1951	657	117	553
总计	44	116 899	73 694	23 069	22 720	23 318	1283	4225

附表87 软件产业基地人员构成情况：按地区划分

单位：人

地区	从业人员总数	博士人员	硕士人员	本科学历人员	软件从业人员总数	具有5年及以上软件从业经验的人员	软件研发人员
北京	96 500	3660	16 010	59 630	96 500	40 000	56 742
天津	51 757	325	5208	43 670	51 757	16 418	26 878
河北	15 660	210	909	8867	10 050	4350	5372
山西	15 855	70	834	9420	5930	2309	3731
内蒙古	2638	48	205	1830	2638	1109	792
辽宁	48 735	180	6551	33 849	28 202	12 803	22 271
吉林	46 015	274	2949	34 363	29 562	7464	15 466
黑龙江	29 980	223	1615	17 185	25 741	8755	16 021
上海	443 029	4696	44 200	271 387	265 549	80 463	121 959
江苏	486 647	7050	41 449	347 948	426 484	136 900	139 098
浙江	412 399	2062	51 555	228 110	412 301	113 912	302 412
安徽	64 625	648	9386	38 741	51 263	7511	14 605

续表

地区	从业人员总数	博士人员	硕士人员	本科学历人员	软件从业人员总数	具有5年及以上软件从业经验的人员	软件研发人员
福建	60 170	138	5019	47 310	34 987	20 528	26 975
江西	33 116	371	2372	21 504	18 457	5308	9577
山东	277 132	2199	19 909	234 377	257 643	94 098	160 030
河南	14 852	72	532	9832	7623	1214	6183
湖北	309 700	5600	60 900	241 859	299 812	88 503	199 866
湖南	323 755	5654	32 577	226 548	198 643	92 478	85 778
广东	262 117	709	17 966	117 784	235 308	66 055	82 290
广西	11 998	118	789	8489	10 798	2462	9985
重庆	185 098	2492	12 946	78 523	101 804	28 505	52 938
四川	202 870	2936	27 845	149 718	194 752	57 917	131 357
贵州	33 251	186	732	16 250	25 216	5862	13 689
云南	3321	7	145	1976	1275	465	862
陕西	243 500	2980	34 100	167 200	224 700	80 100	130 500
甘肃	7530	34	315	5202	3470	1001	2498
大连	107 333	272	8116	70 381	107 333	21 102	56 835
宁波	36 500	998	6495	16 358	30 980	6980	8988
厦门	112 519	621	5582	81 213	101 150	31 700	49 500
青岛	103 532	283	5370	30 224	19 605	6153	9907
深圳	641 400	4213	108 271	325 321	301 624	131 076	169 156
总计	4 683 534	49 329	530 852	2 945 069	3 581 157	1 173 501	1 932 261

附表88 软件产业基地经济指标情况：按地区划分

单位：万元

地区	营业收入	软件收入	自主版权软件收入	出口总额	软件出口总额	净利润	实际上缴税费总额
北京	42 954 000.00	18 856 806.00	11 086 423.50	1 559 000.00	80 000.00	4 250 000.00	1 550 000.00
天津	16 723 508.50	15 627 499.60	6 000 065.60	189 932.60	150 565.00	1 393 367.30	586 330.50
河北	1 818 156.30	1 285 632.00	610 429.50	6200.00	4200.00	185 157.90	40 072.10
山西	812 510.68	424 620.78	50 902.50	12 942.04	1062.99	67 098.11	42 486.38
内蒙古	92 621.30	92 621.30	0.00	1310.20	1310.20	5618.12	3548.50
辽宁	3 237 129.90	2 225 695.40	653 836.70	229 721.20	159 463.40	180 719.20	189 683.90
吉林	1 543 025.40	909 532.40	528 177.10	29 018.00	23 098.70	114 461.70	81 584.70

续表

地区	营业收入	软件收入	自主版权软件收入	出口总额	软件出口总额	净利润	实际上缴税费总额
黑龙江	1 811 315.30	1 235 870.30	851 314.10	299 431.50	50 315.10	86 351.40	57 503.10
上海	67 232 757.02	45 675 480.38	28 119 092.25	1 473 388.74	1 362 941.64	3 893 154.10	1 697 002.11
江苏	55 059 096.50	45 675 658.90	35 552 385.30	10 445 895.00	2 417 050.00	4 825 624.30	3 057 457.70
浙江	53 294 029.01	51 026 251.97	49 145 451.10	3 514 384.00	3 442 689.72	6 710 820.00	3 456 554.81
安徽	2 566 518.40	1 680 465.40	54 215.40	16 942.10	2354.10	305 154.10	167 851.40
福建	15 001 073.20	7 517 150.00	3 401 352.50	1 981 074.20	707 553.70	783 662.80	235 461.70
江西	3 257 112.30	2 733 402.70	1 182 183.30	108 182.60	96 882.10	242 316.30	180 769.20
山东	45 369 532.70	34 462 541.50	26 873 689.40	2 608 146.40	1 839 876.32	4 221 573.50	2 768 173.10
河南	984 800.00	451 390.00	364 800.00	4797.00	2528.00	108 800.00	44 980.00
湖北	32 664 221.30	21 312 915.30	15 934 331.20	1 166 750.90	876 287.20	2 271 324.80	1 284 756.00
湖南	13 040 000.00	10 620 000.00	5 240 000.00	360 000.00	260 000.00	660 000.00	640 000.00
广东	26 597 622.99	18 246 212.90	7 472 076.93	903 557.77	798 764.07	2 036 205.23	792 037.89
广西	845 600.00	765 268.00	54 003.60	60 320.00	10 068.00	50 410.00	31 216.02
重庆	8 083 089.33	6 475 500.00	2 101 221.75	971 958.65	76 162.32	879 106.29	444 569.91
四川	36 824 314.82	29 987 192.91	15 651 246.26	12 814 430.36	1 674 263.52	6 271 976.46	1 405 005.47
贵州	2 265 457.30	1 518 542.10	98 625.40	3825.60	2636.50	119 354.20	126 254.60
云南	534 898.39	339 260.56	559.19	563.05	0.00	27 161.10	7983.65
陕西	43 825 000.00	35 705 200.00	15 601 000.00	1 524 100.00	1 524 100.00	3 736 100.00	2 013 400.00
甘肃	643 140.82	468 511.89	81 453.78	0.00	0.00	46 915.46	21 659.60
大连	7 165 243.59	7 109 874.81	639 888.73	1 616 366.71	1 449 891.64	353 513.88	255 677.76
宁波	1 299 722.00	966 632.00	29 450.00	486 200.00	451 000.00	85 506.00	29 794.00
厦门	17 259 671.60	12 637 770.10	10 988 154.20	660 000.00	599 520.00	1 989 733.80	461 736.80
青岛	24 019 939.10	2 069 804.40	301 222.20	2 247 491.40	34 753.80	496 755.90	235 935.70
深圳	151 614 205.04	83 368 661.05	11 634 763.97	18 367 325.68	12 430 695.91	21 275 063.55	9 229 302.68
总计	678 439 312.79	461 471 964.65	250 302 315.47	63 663 255.70	30 530 033.93	67 673 005.43	31 138 789.29

附表 89　软件产业基地创新投入与产出情况：按地区划分

地区	科技活动经费筹集总额/万元	科技活动经费支出总额/万元	研发经费总支出/万元	承担国家级科技和产业化项目/项	承担地方级科技和产业化项目/项	拥有软件著作权登记/件	拥有有效发明专利/件
北京	5 112 000.00	5 112 000.00	5 112 000.00	15	45	20 378	35 366
天津	1 496 788.00	1 496 788.00	1 496 788.00	48	330	18 573	13 326

续表

地区	科技活动经费筹集总额/万元	科技活动经费支出总额/万元	研发经费总支出/万元	承担国家级科技和产业化项目/项	承担地方级科技和产业化项目/项	拥有软件著作权登记/件	拥有有效发明专利/件
河北	199 160.00	190 003.00	175 500.00	9	70	2712	1602
山西	68 011.90	69 825.55	61 152.70	3	6	6147	792
内蒙古	11 926.72	8568.74	8568.74	1	1	899	80
辽宁	406 181.20	338 149.50	250 817.50	31	79	7115	2827
吉林	104 655.90	77 696.40	66 247.00	20	43	2590	128
黑龙江	105 743.20	112 572.30	92 350.10	0	21	1427	151
上海	3 198 621.30	4 363 027.76	4 287 509.88	263	1073	31 737	10 778
江苏	5 468 276.10	4 125 615.80	3 846 923.00	95	1743	42 231	14 399
浙江	6 265 846.83	4 091 567.25	2 724 988.10	110	4011	54 130	22 093
安徽	298 546.10	270 245.50	214 242.70	5	32	5024	554
福建	487 503.30	549 336.70	463 240.20	6	12	10 595	2885
江西	271 175.50	257 616.70	238 417.50	34	521	4983	789
山东	9 878 046.10	10 302 382.10	4 056 840.70	392	2098	25 694	2613
河南	76 200.00	76 200.00	71 190.00	0	2	3238	343
湖北	1 852 895.40	1 925 780.00	1 635 689.00	65	659	41 802	12 113
湖南	1 660 000.00	1 500 000.00	1 220 000.00	239	829	103 695	6495
广东	2 242 588.35	2 242 588.35	1 893 195.43	31	390	38 646	4786
广西	95 545.90	93 080.00	72 800.00	17	41	2134	106
重庆	1 063 201.60	954 660.30	586 922.20	1	35	7601	1473
四川	1 351 636.47	3 837 618.69	2 050 341.49	196	389	37 347	8248
贵州	203 251.40	58 541.50	42 515.30	0	46	1977	692
云南	9083.64	15 047.60	13 613.75	2	6	1735	86
陕西	3 799 100.00	4 212 100.00	3 451 800.00	195	1158	26 154	6273
甘肃	49 977.94	57 340.68	43 250.30	0	5	2850	104
大连	340 858.71	340 858.71	305 716.39	4	65	11 017	1406
宁波	14 000.00	125 000.00	111 500.00	0	0	2341	157
厦门	1 663 000.00	1 238 000.00	1 235 000.00	59	208	33 090	5421
青岛	704 367.90	610 348.70	447 005.50	9	7	5124	5810
深圳	10 247 782.37	10 674 385.05	7 248 426.47	123	369	110 427	100 073
总计	58 745 971.84	59 326 944.88	43 524 551.95	1973	14 294	663 413	261 969

附表 90 创新型产业集群名单

序号	地区	创新型产业集群名称
1	北京	中关村移动互联网创新型产业集群
2		国家级轨道交通创新型产业集群
3	天津	泰达高端医疗器械创新型产业集群
4		天津基于国产自主可控的信息安全创新型产业集群
5		天津市细胞产业创新型产业集群
6		北辰高端装备制造创新型产业集群
7		天津高新区新能源创新型产业集群
8	河北	石家庄药用辅料创新型产业集群
9		邯郸现代装备制造创新型产业集群
10		邯郸新型功能材料创新型产业集群
11		保定新能源与智能电网装备创新型产业集群
12		燕郊高新区新型电子元器件及设备制造创新型产业集群
13	山西	太原不锈钢创新型产业集群
14		太原高新区核心电子器件及应用创新型产业集群
15		长治高新区紫外半导体光电创新型产业集群
16	内蒙古	包头稀土高新技术产业开发区稀土新材料创新型产业集群
17	辽宁	沈阳生物医药和健康医疗创新型产业集群
18		辽宁激光创新型产业集群
19		本溪制药创新型产业集群
20		营口高新区生物降解材料及制品创新型产业集群
21	大连	大连信息技术及服务创新型产业集群
22		大连高端工业软件创新型产业集群
23	吉林	长春汽车电子创新型产业集群
24		吉林高新区电子信息创新型产业集群
25		通化医药创新型产业集群
26	黑龙江	齐齐哈尔重型数控机床创新型产业集群
27		大庆高新区石油化工新材料创新型产业集群
28		七台河石墨烯创新型产业集群
29	上海	漕河泾知识型服务业创新型产业集群
30		上海新能源汽车及关键零部件创新型产业集群
31		张江生物医药创新型产业集群

续表

序号	地区	创新型产业集群名称
32	上海	金桥移动互联网视频创新型产业集群
33		上海精细化工创新型产业集群
34		松江 G60 科创走廊数字经济创新型产业集群
35	江苏	江宁智能电网创新型产业集群
36		宜兴水环境创新型产业集群
37		无锡高新区智能传感系统创新型产业集群
38		江阴特钢新材料创新型产业集群
39		徐州高新区安全应急装备创新型产业集群
40		常州轨道交通牵引动力与关键核心部件创新型产业集群
41		常州光伏创新型产业集群
42		武进机器人及智能装备创新型产业集群
43		常熟新能源汽车核心零部件创新型产业集群
44		昆山小核酸创新型产业集群
45		苏州高新区医疗器械创新型产业集群
46		苏州纳米新材料创新型产业集群
47		盐城高新区新型电子元器件及设备制造创新型产业集群
48		扬州数控成形机床创新型产业集群
49		泰州生物医药创新型产业集群
50	浙江	杭州数字安防创新型产业集群
51		温州激光与光电创新型产业集群
52	宁波	宁波高新区工业互联网创新型产业集群
53	安徽	合肥基于信息技术的公共安全创新型产业集群
54		芜湖新能源汽车创新型产业集群
55		蚌埠新型高分子材料创新型产业集群
56		阜阳界首高新区铝基复合材料创新型产业集群
57	福建	福州高新区光电创新型产业集群
58		泉州微波通信创新型产业集群
59		闽东中小电机创新型产业集群
60	厦门	厦门火炬高新区软件和信息服务业创新型产业集群
61		厦门海洋与生命科学创新型产业集群

续表

序号	地区	创新型产业集群名称
62	江西	南昌高新技术产业开发区生物医药创新型产业集群
63		景德镇直升机制造创新型产业集群
64		新余动力电池创新型产业集群
65		鹰潭高新区移动物联网创新型产业集群
66		吉安数字视听创新型产业集群
67		抚州生物医药创新型产业集群
68	山东	济南智能输配电创新型产业集群
69		济南高新区生物制品创新型产业集群
71		淄博高新区生物医药与生物医学工程创新型产业集群
72		枣庄锂电创新型产业集群
73		烟台海洋生物与医药创新型产业集群
74		潍坊半导体发光创新型产业集群
75		潍坊高端动力装备创新型产业集群
76		济宁高效传动与智能铲运机械创新型产业集群
77		威海高新区高端医疗器械创新型产业集群
78		莱芜高新区智能制造装备创新型产业集群
79		临沂电子元器件及其功能材料创新型产业集群
80		德州生物制造创新型产业集群
81		滨州高端铝材创新型产业集群
82		菏泽生物医药大健康创新型产业集群
70	青岛	青岛机器人创新型产业集群
83	河南	郑州智能仪器仪表创新型产业集群
84		洛阳高新区轴承创新型产业集群
85		新乡高新区生物医药创新型产业集群
86		许昌智能电力装备制造创新型产业集群
87		南阳防爆装备制造创新型产业集群
88	湖北	武汉东湖高新区国家地球空间信息及应用服务创新型产业集群
89		黄石先进电子元器件创新型产业集群
90		十堰商用车及部件创新型产业集群
91		襄阳新能源汽车关键部件创新型产业集群
92		荆门城市矿产资源循环利用创新型产业集群

续表

序号	地区	创新型产业集群名称
93	湖北	孝感高新区高端装备制造创新型产业集群
94		咸宁智能机电创新型产业集群
95		随州移动应急装备创新型产业集群
96		天门生物医药创新型产业集群
97		仙桃高新区非织造布创新型产业集群
98	湖南	长沙电力智能控制与设备创新型产业集群
99		株洲轨道交通装备制造创新型产业集群
100		湘潭风能产业创新型产业集群
101		岳阳临港高新区智能制造装备创新型产业集群
102		常德重大成套设备制造创新型产业集群
103		娄底建筑工程机械制造创新型产业集群
104	广东	广州个体化医疗与生物医药创新型产业集群
105		韶关机械基础零部件创新型产业集群
107		珠海船舶与海洋工程装备制造创新型产业集群
108		珠海三灶生物医药创新型产业集群
109		珠海智能配电网装备创新型产业集群
110		汕头高新区新兴软件和新型信息技术服务创新型产业集群
111		佛山智能家居创新型产业集群
112		江门轨道交通修造创新型产业集群
113		肇庆高新区智能网联新能源汽车创新型产业集群
114		惠州云计算智能终端创新型产业集群
115		河源市高新区信息终端设备制造创新型产业集群
116		清远高性能结构材料创新型产业集群
117		东莞机器人智能装备创新型产业集群
118		中山小榄半导体智能照明创新型产业集群
119		中山健康科技创新型产业集群
120		中山精密智能装备创新型产业集群
106	深圳	深圳高新区下一代互联网创新型产业集群
121	广西	南宁亚热带生物资源开发利用创新型产业集群
122		柳州汽车整车及关键零部件创新型产业集群

续表

序号	地区	创新型产业集群名称
123	重庆	重庆电子信息创新型产业集群
124		璧山新能源汽车关键零部件绿色智能制造创新型产业集群
125		永川汽摩智造创新型产业集群
126	四川	成都数字新媒体创新型产业集群
127		成都高新区医药健康创新型产业集群
128		德阳通用航空创新型产业集群
129		绵阳新型显示创新型产业集群
130		遂宁电子电路创新型产业集群
131	贵州	贵阳区块链与大数据创新型产业集群
132		安顺高新区新型建材创新型产业集群
133	云南	昆明市生物医药创新型产业集群
134		玉溪高新区生物医药创新型产业集群
135		楚雄高新区现代中药和民族药（彝族药）创新型产业集群
136	陕西	西安泛在网络技术创新型产业集群
137		宝鸡高新区钛创新型产业集群
138		杨凌示范区生物创新型产业集群
139		渭南高新区智能制造装备创新型产业集群
140		榆林高新区煤化工创新型产业集群
141		安康高新区富硒创新型产业集群
142	甘肃	兰州高新技术产业开发区节能环保创新型产业集群
143	青海	青藏高原特色生物资源与中藏药创新型产业集群
144		西宁锂电创新型产业集群
145		海西盐湖化工特色循环经济创新型产业集群
146	新疆	乌鲁木齐电子新材料创新型产业集群
147	新疆生产建设兵团	石河子新材料创新型产业集群

附表 91　国家火炬特色产业基地名单

序号	地区	国家火炬特色产业基地名称
1	北京	国家火炬北京大兴新媒体特色产业基地
2	天津	国家火炬天津陈塘工程设计特色产业基地
3		国家火炬天津空港经济区现代纺织特色产业基地
4		国家火炬天津东丽节能装备特色产业基地
5		国家火炬天津西青信息安全特色产业基地
6		国家火炬天津中北汽车特色产业基地
7		国家火炬天津武清新金属材料特色产业基地
8		国家火炬天津京滨石油装备特色产业基地
9		国家火炬天津武清汽车零部件特色产业基地
10		国家火炬天津京津电子商务特色产业基地
11	河北	国家火炬唐山陶瓷材料特色产业基地
12		国家火炬唐山焊接特色产业基地
13		国家火炬唐山高新区机器人特色产业基地
14		国家火炬邯郸新型功能材料特色产业基地
15		国家火炬邢台宁晋太阳能硅材料特色产业基地
16		国家火炬邢台沙河现代功能与艺术玻璃特色产业基地
17		国家火炬保定安国现代中药特色产业基地
18		国家火炬保定新能源与能源设备特色产业基地
19		国家火炬承德仪器仪表特色产业基地
20		国家火炬廊坊大数据特色产业基地
21		国家火炬廊坊固安新型显示特色产业基地
22		国家火炬廊坊大城绝热节能材料特色产业基地
23		国家火炬衡水高新区工程橡胶特色产业基地
24	山西	国家火炬太原迎泽高端包装装备及材料特色产业基地
25		国家火炬山西转型综合改革示范区煤机装备特色产业基地
26		国家火炬太原钕铁硼材料特色产业基地
27		国家火炬山西转型综合改革示范区网络信息安全特色产业基地
28		国家火炬大同医药材料特色产业基地
29		国家火炬运城万荣混凝土外加剂特色产业基地
30		国家火炬运城永济电机特色产业基地
31		国家火炬运城临猗运输配套装备特色产业基地

续表

序号	地区	国家火炬特色产业基地名称
32	山西	国家火炬忻州定襄县法兰锻造特色产业基地
33		国家火炬忻州原平煤机配套装备特色产业基地
34	内蒙古	国家火炬和林格尔新区大数据特色产业基地
35		国家火炬呼和浩特托克托生物发酵特色产业基地
36		国家火炬鄂尔多斯汽车及关键零部件特色产业基地
37	辽宁	国家火炬大连金普新区数控机床特色产业基地
38		国家火炬大连金普新区核电装备特色产业基地
39		国家火炬大连甘井子智能化成形和加工成套设备特色产业基地
40		国家火炬大连双D港生物医药特色产业基地
41		国家火炬鞍山海城精细有机新材料特色产业基地
42		国家火炬鞍山高新区柔性输配电及冶金自动化装备特色产业基地
43		国家火炬鞍山激光科技特色产业基地
44		国家火炬本溪中药科技特色产业基地
45		国家火炬丹东高新区满族医药特色产业基地
46		国家火炬锦州硅材料及太阳能电池特色产业基地
47		国家火炬锦州汽车零部件特色产业基地
48		国家火炬营口汽车保修检测设备特色产业基地
49		国家火炬阜新高新区液压装备特色产业基地
50		国家火炬盘锦石油装备制造特色产业基地
51		国家火炬铁岭石油装备特色产业基地
52		国家火炬朝阳高新区新能源电器特色产业基地
53	吉林	国家火炬吉林电力电子特色产业基地
54		国家火炬通化生物医药特色产业基地
55		国家火炬通化中药特色产业基地
56		国家火炬梅河口现代中医药特色产业基地
57		国家火炬敦化中药特色产业基地
58	黑龙江	国家火炬哈尔滨平房汽车制造特色产业基地
59		国家火炬哈尔滨平房新媒体特色产业基地
60		国家火炬哈尔滨抗生素特色产业基地
61		国家火炬齐齐哈尔重型机械装备特色产业基地
62		国家火炬大庆高新区石油化工特色产业基地

续表

序号	地区	国家火炬特色产业基地名称
63	黑龙江	国家火炬大庆高新区新型复合材料及制品特色产业基地
64		国家火炬大庆高新区石油石化装备制造特色产业基地
65		国家火炬佳木斯高新区现代农机装备制造特色产业基地
66		国家火炬七台河石墨及石墨烯特色产业基地
67		国家火炬牡丹江硬质材料特色产业基地
68	上海	国家火炬上海环同济研发设计服务特色产业基地
69		国家火炬上海安亭汽车零部件特色产业基地
70		国家火炬上海南汇医疗器械特色产业基地
71		国家火炬上海张堰新材料深加工特色产业基地
72		国家火炬上海枫泾高端智能装备特色产业基地
73		国家火炬上海松江洞泾人工智能特色产业基地
74		国家火炬上海青浦先进结构与复合材料特色产业基地
75		国家火炬上海青浦北斗导航特色产业基地
76		国家火炬上海青浦智慧物流特色产业基地
77		国家火炬上海奉贤输配电特色产业基地
78	江苏	国家火炬南京溧水新能源汽车特色产业基地
79		国家火炬南京溧水金属材料特色产业基地
80		国家火炬南京建邺移动互联特色产业基地
81		国家火炬南京雨花现代通信软件特色产业基地
82		国家火炬南京江宁智能电网特色产业基地
83		国家火炬南京江宁可再生能源特色产业基地
84		国家火炬南京江宁生物医药特色产业基地
85		国家火炬南京江宁通信与网络特色产业基地
86		国家火炬南京江宁未来网络特色产业基地
87		国家火炬南京江宁节能环保技术与装备特色产业基地
88		国家火炬南京化工新材料特色产业基地
89		国家火炬南京浦口生物医药特色产业基地
90		国家火炬南京新港光电及激光特色产业基地
91		国家火炬无锡锡山化工材料特色产业基地
92		国家火炬无锡锡山轻型多功能电动车特色产业基地
93		国家火炬无锡惠山特种冶金新材料特色产业基地

续表

序号	地区	国家火炬特色产业基地名称
94	江苏	国家火炬无锡惠山石墨烯新材料特色产业基地
95		国家火炬无锡惠山智能制造物联装备特色产业基地
96		国家火炬无锡惠山精准医疗特色产业基地
97		国家火炬无锡江阴高性能合金材料及制品特色产业基地
98		国家火炬无锡江阴智慧能源特色产业基地
99		国家火炬无锡宜兴无机非金属材料特色产业基地
100		国家火炬无锡宜兴电线电缆特色产业基地
101		国家火炬无锡宜兴环保装备制造及服务特色产业基地
102		国家火炬无锡新区汽车电子及部件特色产业基地
103		国家火炬无锡新区生物医药及医疗器械特色产业基地
104		国家火炬无锡江阴高新区物联网特色产业基地
105		国家火炬无锡江阴高新区特钢新材料及其制品特色产业基地
106		国家火炬无锡江阴高新区现代中药配方颗粒特色产业基地
107		国家火炬徐州工程机械特色产业基地
108		国家火炬徐州经济开发区新能源特色产业基地
109		国家火炬徐州沛县光伏特色产业基地
110		国家火炬徐州邳州废旧铅酸蓄电池循环利用特色产业基地
111		国家火炬徐州邳州半导体电子材料和设备特色产业基地
112		国家火炬徐州高新区安全技术与装备特色产业基地
113		国家火炬常州轨道交通车辆及部件特色产业基地
114		国家火炬常州输变电设备特色产业基地
115		国家火炬常州经开区智能微电机特色产业基地
116		国家火炬常州经开区新型纤维及复合材料特色产业基地
117		国家火炬常州高新区生物药和化学药特色产业基地
118		国家火炬常州武进建材特色产业基地
119		国家火炬常州湖塘新型色织面料特色产业基地
120		国家火炬常州溧阳绿色铸造特色产业基地
121		国家火炬常州金坛精细化学品特色产业基地
122		国家火炬苏州汽车零部件特色产业基地
123		国家火炬苏州吴中医药特色产业基地
124		国家火炬苏州吴江光电缆特色产业基地

续表

序号	地区	国家火炬特色产业基地名称
125	江苏	国家火炬苏州汾湖超高速节能电梯特色产业基地
126		国家火炬苏州吴江（盛泽）新兴纺织纤维及面料特色产业基地
127		国家火炬苏州常熟高分子材料特色产业基地
128		国家火炬苏州常熟电气机械特色产业基地
129		国家火炬苏州常熟生物医药特色产业基地
130		国家火炬苏州常熟汽车零部件特色产业基地
131		国家火炬苏州张家港精细化工特色产业基地
132		国家火炬苏州张家港锂电特色产业基地
133		国家火炬苏州张家港节能环保装备特色产业基地
134		国家火炬苏州张家港精密机械及零部件特色产业基地
135		国家火炬苏州昆山传感器特色产业基地
136		国家火炬苏州昆山模具特色产业基地
137		国家火炬苏州昆山电路板特色产业基地
138		国家火炬苏州昆山新能源装备特色产业基地
139		国家火炬苏州昆山高端装备制造产业基地
140		国家火炬苏州昆山机器人特色产业基地
141		国家火炬苏州昆山（张浦）精密机械特色产业基地
142		国家火炬苏州昆山小核酸及生物医药特色产业基地
143		国家火炬苏州太仓高分子材料特色产业基地
144		国家火炬苏州太仓生物医药特色产业基地
145		国家火炬苏州太仓高新区汽车关键零部件特色产业基地
146		国家火炬苏州高新区医疗器械特色产业基地
147		国家火炬苏州工业园区生物医药特色产业基地
148		国家火炬南通化工新材料特色产业基地
149		国家火炬南通通州电子元器件及材料特色产业基地
150		国家火炬南通海安电梯设备特色产业基地
151		国家火炬南通海安建材机械装备特色产业基地
152		国家火炬南通海安锻压装备特色产业基地
153		国家火炬南通海安磁性材料及制品特色产业基地
154		国家火炬南通如东生命安防用品特色产业基地
155		国家火炬南通如东海上风电特色产业基地

续表

序号	地区	国家火炬特色产业基地名称
156	江苏	国家火炬南通如东高分子材料特色产业基地
157		国家火炬南通启东生物医药特色产业基地
158		国家火炬南通启东节能环保装备及基础件特色产业基地
159		国家火炬南通如皋输变电装备特色产业基地
160		国家火炬南通如皋化工新材料特色产业基地
161		国家火炬南通如皋新能源汽车特色产业基地
162		国家火炬南通海门化工和生物医药材料特色产业基地
163		国家火炬连云港化学创新药和现代中药特色产业基地
164		国家火炬连云港东海硅材料特色产业基地
165		国家火炬连云港装备制造特色产业基地
166		国家火炬淮安现代教育体育高端装备特色产业基地
167		国家火炬淮安盱眙凹土特色产业基地
168		国家火炬淮安金湖石油机械特色产业基地
169		国家火炬淮安金湖仪器仪表特色产业基地
170		国家火炬淮安盐化工特色产业基地
171		国家火炬盐城经开区汽车零部件及装备特色产业基地
172		国家火炬盐城亭湖环保装备特色产业基地
173		国家火炬盐城大丰金属材料处理装备特色产业基地
174		国家火炬盐城大丰市汽车零部件特色产业基地
175		国家火炬盐城大丰海上风电装备特色产业基地
176		国家火炬盐城滨海高分子材料特色产业基地
177		国家火炬盐城滨海新医药特色产业基地
178		国家火炬盐城滨海流体装备特色产业基地
179		国家火炬盐城阜宁风光能源特色产业基地
180		国家火炬盐城阜宁环保滤料特色产业基地
181		国家火炬盐城射阳无损探伤设备特色产业基地
182		国家火炬盐城建湖石油装备特色产业基地
183		国家火炬盐城东台特种金属材料及制品特色产业基地
184		国家火炬盐城高新区智能终端特色产业基地
185		国家火炬盐城盐都输变电装备特色产业基地
186		国家火炬盐城盐都齿轮制造特色产业基地

续表

序号	地区	国家火炬特色产业基地名称
187	江苏	国家火炬盐城盐都涂装设备特色产业基地
188		国家火炬扬州汽车及零部件特色产业基地
189		国家火炬扬州邗江硫资源利用装备特色产业基地
190		国家火炬扬州江都电力设备特色产业基地
191		国家火炬扬州江都建材机械装备特色产业基地
192		国家火炬扬州高邮特种电缆特色产业基地
193		国家火炬扬州高邮智能健康装备特色产业基地
194		国家火炬扬州高邮智慧照明特色产业基地
195		国家火炬扬州光伏新能源特色产业基地
196		国家火炬扬州邗江数控金属板材加工设备特色产业基地
197		国家火炬镇江沿江绿色化工特色产业基地
198		国家火炬镇江高性能材料特色产业基地
199		国家火炬镇江丹阳高性能合金材料特色产业基地
200		国家火炬镇江扬中电力电器特色产业基地
201		国家火炬镇江句容交通新材料特色产业基地
202		国家火炬镇江光电子与通信元器件特色产业基地
203		国家火炬镇江高新区特种船舶及海洋工程装备特色产业基地
204		国家火炬泰州医药特色产业基地
205		国家火炬泰州医药高新区智能电力装备制造特色产业基地
206		国家火炬泰州海陵光伏与储能新能源特色产业基地
207		国家火炬泰州姜堰汽车关键零部件特色产业基地
208		国家火炬泰州兴化特种合金材料及制品特色产业基地
209		国家火炬泰州靖江微特电机及控制特色产业基地
210		国家火炬泰州靖江新技术船舶特色产业基地
211		国家火炬泰州泰兴精细专用化学品特色产业基地
212		国家火炬宿迁薄膜材料特色产业基地
213	浙江	国家火炬杭州萧山高性能机电基础件特色产业基地
214		国家火炬杭州萧山信息港小镇新一代人工智能特色产业基地
215		国家火炬杭州富阳光通信特色产业基地
216		国家火炬杭州临安电线电缆特色产业基地
217		国家火炬宁波江北先进通用设备制造特色产业基地

续表

序号	地区	国家火炬特色产业基地名称
218	浙江	国家火炬宁波北仑注塑机特色产业基地
219		国家火炬宁波鄞州新型金属材料特色产业基地
220		国家火炬宁波鄞州汽车零部件特色产业基地
221		国家火炬宁波慈溪智能家电特色产业基地
222		国家火炬宁波电子信息特色产业基地
223		国家火炬温州龙湾阀门特色产业基地
224		国家火炬温州永嘉系统流程泵阀特色产业基地
225		国家火炬温州平阳印刷包装装备特色产业基地
226		国家火炬温州瑞安汽车关键零部件特色产业基地
227		国家火炬温州乐清智能电器特色产业基地
228		国家火炬嘉兴电子信息特色产业基地
229		国家火炬嘉兴南湖汽车零部件特色产业基地
230		国家火炬嘉兴南湖压缩机精密制造特色产业基地
231		国家火炬嘉兴秀洲光伏新能源特色产业基地
232		国家火炬嘉兴嘉善新型电子元器件特色产业基地
233		国家火炬嘉兴海宁软磁材料特色产业基地
234		国家火炬嘉兴海宁经编新材料及装备特色产业基地
235		国家火炬嘉兴平湖光机电特色产业基地
236		国家火炬嘉兴桐乡新型纤维特色产业基地
237		国家火炬湖州吴兴特种金属管道特色产业基地
238		国家火炬湖州吴兴区现代物流装备特色产业基地
239		国家火炬湖州南浔特种电磁线特色产业基地
240		国家火炬湖州南浔智能电梯特色产业基地
241		国家火炬湖州德清生物与医药特色产业基地
242		国家火炬湖州德清绿色复合新型建材特色产业基地
243		国家火炬湖州莫干山高新区地理信息特色产业基地
244		国家火炬湖州长兴无机非金属新材料特色产业基地
245		国家火炬湖州安吉竹精深加工特色产业基地
246		国家火炬湖州安吉高端功能座具特色产业基地
247		国家火炬绍兴纺织特色产业基地
248		国家火炬绍兴柯桥纺织装备特色产业基地

续表

序号	地区	国家火炬特色产业基地名称
249	浙江	国家火炬绍兴上虞精细化工特色产业基地
250		国家火炬绍兴新昌化学药和中成药特色产业基地
251		国家火炬绍兴诸暨环保装备特色产业基地
252		国家火炬绍兴高新区健康装备和医用新材料特色产业基地
253		国家火炬金华兰溪天然药物特色产业基地
254		国家火炬金华兰溪差别化纤维及纺织特色产业基地
255		国家火炬金华东阳磁性材料特色产业基地
256		国家火炬衢州高新区氟硅新材料特色产业基地
257		国家火炬衢州经开区空气动力机械特色产业基地
258		国家火炬衢州衢江特种纸特色产业基地
259		国家火炬台州椒江智能缝制设备特色产业基地
260		国家火炬台州黄岩塑料模具特色产业基地
261		国家火炬台州仙居甾体药物特色产业基地
262		国家火炬丽水智能装备与机器人特色产业基地
263		国家火炬丽水遂昌县金属制品特色产业基地
264		国家火炬丽水龙泉汽车空调零部件特色产业基地
265	安徽	国家火炬合肥高新区公共安全信息技术特色产业基地
266		国家火炬芜湖高新区节能与新能源汽车特色产业基地
267		国家火炬芜湖无为特种电缆特色产业基地
268		国家火炬蚌埠精细化工特色产业基地
269		国家火炬马鞍山博望高端数控机床及刃模具特色产业基地
270		国家火炬马鞍山当涂生物医药特色产业基地
271		国家火炬淮北杜集高端矿山装备特色产业基地
272		国家火炬淮北濉溪铝基复合材料特色产业基地
273		国家火炬铜陵电子材料特色产业基地
274		国家火炬安庆经开区汽车零部件特色产业基地
275		国家火炬黄山软包装新材料特色产业基地
276		国家火炬滁州家电设计与制造特色产业基地
277		国家火炬滁州天长仪器仪表特色产业基地
278		国家火炬阜阳太和医药高端制剂特色产业基地
279		国家火炬阜阳界首高分子材料循环利用特色产业基地

续表

序号	地区	国家火炬特色产业基地名称
280	安徽	国家火炬阜阳界首高新区粮食机械特色产业基地
281		国家火炬亳州中药特色产业基地
282		国家火炬池州高端数控机床特色产业基地
283		国家火炬宣城宁国橡塑密封件特色产业基地
284	福建	国家火炬厦门视听通讯特色产业基地
285		国家火炬厦门钨材料特色产业基地
286		国家火炬厦门高新区电力电器特色产业基地
287		国家火炬厦门海沧区生物与新医药特色产业基地
288		国家火炬莆田液晶显示特色产业基地
289		国家火炬泉州经开区无线通信特色产业基地
290		国家火炬泉州微波通信特色产业基地
291		国家火炬泉州德化陶瓷特色产业基地
292		国家火炬南平建瓯笋竹科技特色产业基地
293		国家火炬宁德福安中小电机特色产业基地
294		国家火炬宁德福鼎化油器特色产业基地
295	江西	国家火炬景德镇陶瓷新材料及制品特色产业基地
296		国家火炬萍乡粉末冶金先进制造特色产业基地
297		国家火炬九江星火有机硅材料特色产业基地
298		国家火炬新余高新区动力电池特色产业基地
299		国家火炬鹰潭铜基新材料特色产业基地
300		国家火炬赣州钨与稀土新材料特色产业基地
301		国家火炬宜春袁州锂电新能源特色产业基地
302		国家火炬宜春丰城生物制造特色产业基地
303	山东	国家火炬济南山大路电子信息特色产业基地
304		国家火炬济南新型功能材料特色产业基地
305		国家火炬济南历城太阳能特色产业基地
306		国家火炬济南长清工业烟气治理装备特色产业基地
307		国家火炬济南莱芜粉末冶金特色产业基地
308		国家火炬济南平阴清洁能源特色产业基地
309		国家火炬济南平阴金属管路连接件特色产业基地
310		国家火炬济南济阳升降作业装备特色产业基地

续表

序号	地区	国家火炬特色产业基地名称
311	山东	国家火炬济南商河环保节能材料与装备特色产业基地
312		国家火炬济南章丘有机高分子材料特色产业基地
313		国家火炬济南明水重型汽车先进制造特色产业基地
314		国家火炬济南明水先进机械制造特色产业基地
315		国家火炬济南章丘炊事装备特色产业基地
316		国家火炬济南先进机电与装备制造特色产业基地
317		国家火炬济南生物工程与新医药特色产业基地
318		国家火炬青岛有机高分子新材料特色产业基地
319		国家火炬青岛海洋生物医药特色产业基地
320		国家火炬青岛橡胶行业专业化科技服务特色产业基地
321		国家火炬青岛黄岛船舶与海工装备特色产业基地
322		国家火炬淄博博山泵类特色产业基地
323		国家火炬淄博生物医药特色产业基地
324		国家火炬淄博高新区先进陶瓷特色产业基地
325		国家火炬淄博高新区功能玻璃特色产业基地
326		国家火炬淄博高新区聚氨酯特色产业基地
327		国家火炬枣庄滕州中小数控机床特色产业基地
328		国家火炬枣庄滕州玻璃精深加工特色产业基地
329		国家火炬东营石油装备特色产业基地
330		国家火炬东营广饶盐化工特色产业基地
331		国家火炬东营经开区铜冶炼与铜材深加工特色产业基地
332		国家火炬烟台福山汽车零部件特色产业基地
333		国家火炬烟台经济技术开发区生物与新医药特色产业基地
334		国家火炬烟台招远电子基础材料特色产业基地
335		国家火炬烟台高新区海洋生物与医药特色产业基地
336		国家火炬潍坊临朐磁电装备特色产业基地
337		国家火炬潍坊滨海海洋化工特色产业基地
338		国家火炬潍坊诸城汽车及零部件特色产业基地
339		国家火炬潍坊寿光卤水综合利用特色产业基地
340		国家火炬潍坊寿光新型防水材料特色产业基地
341		国家火炬潍坊高新区动力机械特色产业基地

续表

序号	地区	国家火炬特色产业基地名称
342	山东	国家火炬潍坊高新区电声器件特色产业基地
343		国家火炬潍坊高新区光电特色产业基地
344		国家火炬潍坊生物制药与中成药特色产业基地
345		国家火炬济宁梁山专用汽车特色产业基地
346		国家火炬济宁邹城智能矿用装备特色产业基地
347		国家火炬济宁邹城精细化工特色产业基地
348		国家火炬济宁生物制药与中成药特色产业基地
349		国家火炬济宁工程机械特色产业基地
350		国家火炬济宁纺织新材料特色产业基地
351		国家火炬济宁高新区光电信息特色产业基地
352		国家火炬泰安非金属新材料特色产业基地
353		国家火炬泰安输变电器材特色产业基地
354		国家火炬威海环翠区交通及配套装备特色产业基地
355		国家火炬威海南海新区海洋油气装备特色产业基地
356		国家火炬威海高新区办公自动化设备特色产业基地
357		国家火炬日照高新区智能农机装备特色产业基地
358		国家火炬临沂沂南电动车及零部件特色产业基地
359		国家火炬临沂沂水功能性生物糖特色产业基地
360		国家火炬临沂费县木基复合材料特色产业基地
361		国家火炬临沂临沭复合肥特色产业基地
362		国家火炬临沂高新区电子元器件特色产业基地
363		国家火炬德州经开区新能源汽车特色产业基地
364		国家火炬德州禹城功能糖特色产业基地
365		国家火炬鲁北海洋科技特色产业基地
366		国家火炬滨州邹平玉米精深加工特色产业基地
367		国家火炬菏泽单县玻纤特色产业基地
368		国家火炬菏泽单县医用可吸收缝合线特色产业基地
369		国家火炬菏泽高新区生物医药特色产业基地
370	河南	国家火炬郑州超硬材料特色产业基地
371		国家火炬郑州中牟汽车产业特色产业基地
372		国家火炬开封空分设备特色产业基地

续表

序号	地区	国家火炬特色产业基地名称
373	河南	国家火炬新乡生物与新医药特色产业基地
374	河南	国家火炬焦作汽车零部件特色产业基地
375	河南	国家火炬濮阳生物化工特色产业基地
376	河南	国家火炬漯河临颍农产品精深加工特色产业基地
377	河南	国家火炬南阳防爆装备制造特色产业基地
378	河南	国家火炬南阳西峡冶金功能材料特色产业基地
379	河南	国家火炬商丘民权制冷设备特色产业基地
380	河南	国家火炬商丘睢县智能终端特色产业基地
381	河南	国家火炬商丘宁陵新型复合肥特色产业基地
382	河南	国家火炬商丘梁园生物医药与运动健康特色产业基地
383	河南	国家火炬商丘夏邑高端纺织服装特色产业基地
384	河南	国家火炬济源高新区矿用机电特色产业基地
385	河南	国家火炬新乡长垣起重机械特色产业基地
386	湖北	国家火炬武汉高分子及复合材料特色产业基地
387	湖北	国家火炬武汉江夏装备制造特色产业基地
388	湖北	国家火炬武汉阳逻钢结构特色产业基地
389	湖北	国家火炬武汉汽车电子特色产业基地
390	湖北	国家火炬黄石大冶有色金属材料特色产业基地
391	湖北	国家火炬黄石西塞山特钢特色产业基地
392	湖北	国家火炬十堰汽车关键零部件特色产业基地
393	湖北	国家火炬宜昌高新区生物医药特色产业基地
394	湖北	国家火炬襄阳节能电机与控制设备特色产业基地
395	湖北	国家火炬襄阳汽车动力与部件特色产业基地
396	湖北	国家火炬襄阳谷城节能与环保特色产业基地
397	湖北	国家火炬鄂州葛店生物技术与新医药特色产业基地
398	湖北	国家火炬荆门高新区再生资源利用与环保特色产业基地
399	湖北	国家火炬孝感应城精细化工新材料特色产业基地
400	湖北	国家火炬孝感安陆粮食机械特色产业基地
401	湖北	国家火炬荆州开发区汽车及零部件特色产业基地
402	湖南	国家火炬长沙浏阳生物医药特色产业基地
403	湖南	国家火炬株洲荷塘硬质合金特色产业基地

续表

序号	地区	国家火炬特色产业基地名称
404	湖南	国家火炬株洲芦淞中小航空发动机特色产业基地
405		国家火炬湘潭新能源装备特色产业基地
406		国家火炬衡阳输变电装备特色产业基地
407		国家火炬岳阳精细化工（石油）特色产业基地
408		国家火炬常德津市生物酶制剂及应用特色产业基地
409		国家火炬益阳机械与装备制造特色产业基地
410		国家火炬怀化洪江精细化工新材料特色产业基地
411		国家火炬怀化高新区中医药特色产业基地
412	广东	国家火炬广州高新区新型高分子材料特色产业基地
413		国家火炬广州花都汽车及零部件特色产业基地
414		国家火炬韶关专用工程机械及关键零部件特色产业基地
415		国家火炬汕头龙湖输配电设备特色产业基地
416		国家火炬汕头金平轻工机械装备制造特色产业基地
417		国家火炬汕头澄海智能玩具创意设计与制造特色产业基地
418		国家火炬顺德家用电器特色产业基地
419		国家火炬佛山自动化机械及设备特色产业基地
420		国家火炬佛山电子新材料特色产业基地
421		国家火炬江门高新区半导体照明特色产业基地
422		国家火炬江门纺织化纤特色产业基地
423		国家火炬江门鹤山金属材料特色产业基地
424		国家火炬湛江海洋特色产业基地
425		国家火炬茂名高新区石化特色产业基地
426		国家火炬惠州LED特色产业基地
427		国家火炬惠州智能视听特色产业基地
428		国家火炬阳江新型功能刀剪材料设计与制造特色产业基地
429		国家火炬清远高新区高性能结构材料特色产业基地
430		国家火炬东莞虎门服装设计与制造特色产业基地
431		国家火炬东莞长安模具特色产业基地
432		国家火炬中山小榄金属制品特色产业基地
433		国家火炬中山古镇照明器材设计与制造特色产业基地
434		国家火炬中山日用电器特色产业基地

续表

序号	地区	国家火炬特色产业基地名称
435	广东	国家火炬中山阜沙精细化工特色产业基地
436		国家火炬中山（临海）船舶制造与海洋工程特色产业基地
437		国家火炬中山南区电梯特色产业基地
438		国家火炬揭阳机电模具特色产业基地
439	广西	国家火炬玉林内燃机特色产业基地
440		国家火炬贺州平桂碳酸钙特色产业基地
441	重庆	国家火炬重庆涪陵现代中医药特色产业基地
442		国家火炬重庆九龙轻合金特色产业基地
443		国家火炬重庆大足工业机器人特色产业基地
444		国家火炬重庆渝北汽车摩托车制造及现代服务特色产业基地
445		国家火炬重庆潼南节能环保特色产业基地
446	四川	国家火炬成都金牛电子信息特色产业基地
447		国家火炬泸州高新区先进工程机械及关键零部件特色产业基地
448		国家火炬泸州江阳中医药特色产业基地
449		国家火炬屏山生物基纺织特色产业基地
450	贵州	国家火炬遵义航天军转民（装备制造）特色产业基地
451		国家火炬六盘水红心猕猴桃特色产业基地
452		国家火炬安顺航空智能制造特色产业基地
453		国家火炬铜仁锰产业特色产业基地
454		国家火炬黔西南州民族医药特色产业基地
455		国家火炬黔东南州苗侗医药特色产业基地
456		国家火炬黔东南州苗侗民族工艺品特色产业基地
457	云南	国家火炬昆明红外微光特色产业基地
458		国家火炬昆明稀贵金属新材料特色产业基地
459		国家火炬玉溪高新区生物医药特色产业基地
460		国家火炬保山硅材料特色产业基地
461		国家火炬文山三七特色产业基地
462	陕西	国家火炬西安高新区生物医药特色产业基地
463		国家火炬西安阎良航空特色产业基地
464		国家火炬宝鸡高新区钛特色产业基地
465		国家火炬宝鸡高新区石油钻采装备制造特色产业基地

续表

序号	地区	国家火炬特色产业基地名称
466	陕西	国家火炬宝鸡蔡家坡重型汽车及零部件特色产业基地
467		国家火炬咸阳高新区中医药特色产业基地
468		国家火炬咸阳高新区高端橡胶特色产业基地
469		国家火炬榆林高新区煤化工特色产业基地
470	甘肃	国家火炬白银有色金属新材料及制品特色产业基地
471		国家火炬武威天祝高性能碳基材料特色产业基地
472	宁夏	国家火炬银川灵武羊绒特色产业基地
473		国家火炬石嘴山高新区稀有金属材料及制品特色产业基地
474	新疆	国家火炬乌鲁木齐米东石油化工和煤化工特色产业基地
475		国家火炬克拉玛依高新区石油石化特色产业基地
476	新疆生产建设兵团	国家火炬石河子高新区葡萄精深加工特色产业基地

附表92 国家火炬软件产业基地名单

序号	地区	国家火炬软件产业基地名称
1	北京	北京软件产业基地
2		中关村软件园
3	天津	天津滨海高新区软件园
4	河北	河北省软件产业基地（石家庄）
5	山西	山西软件园
6	内蒙古	内蒙古软件园
7	辽宁	东大软件园
8		沈阳软件园
9	大连	大连软件园
10	吉林	长春软件园
11		吉林软件园
12	黑龙江	大庆软件园
13	上海	上海软件园
14	江苏	江苏软件园
15		南京软件园
16		无锡软件园

续表

序号	地区	国家火炬软件产业基地名称
17	江苏	常州软件园
18		武进软件园
19		苏州软件园
20		如皋软件园
21	浙江	杭州高新软件园
22	宁波	宁波市软件与服务外包产业园
23	安徽	合肥软件园
24	福建	福州软件园
25	厦门	厦门软件园
26	江西	金庐软件园
27	山东	齐鲁软件园
28		东营软件园
29		潍坊软件园
30		临沂软件园
31	青岛	青岛软件园
32	河南	郑州软件园
33	湖北	湖北软件产业基地
34	湖南	长沙软件园
35	广东	广州软件园
36		珠海高新区软件园
37	深圳	深圳软件园
38	广西	南宁软件园
39	重庆	重庆软件园
40	四川	天府软件园
41	贵州	贵阳火炬软件园
42	云南	云南软件园
43	陕西	西安软件园
44	甘肃	兰州软件园